oil distilled without heat: phytol

" " by steam: attar

" extracted by solvent: absolute

Aromaterapie

Maxie Cloete

Illustrasies deur Marie Theron

J. L. van Schaik

Uitgegee deur J.L. van Schaik Uitgewers
Arcadiastraat 1064, Hatfield, Pretoria
Alle regte voorbehou
Kopiereg © 1998 Maxie Cloete

Eerste uitgawe 1998
ISBN 0 627 02357 6

Bandontwerp deur Truter & Truter Advertising
Illustrasies deur Marie Theron
Geset in 10½ pt op 12½ pt Caslon Book deur Pace-Setting & Graphics, Pretoria
Gedruk en gebind deur Nasionale Boekdrukkery, Drukkerystraat, Goodwood,
Wes-Kaap

Belangrike kennisgewing

Die inligting hierin vervat, is nie medies van aard nie en gee nie voor om die plek van mediese sorg in te neem nie. Geen aanspreeklikheid word aanvaar vir optrede deur gebruikers van hierdie boek nie, aangesien die gebruik van aromatiese olies deur ander persone nie deur die skrywer beheer kan word nie, en die inligting, aanbeveling en advies hierin vervat te goeder trou weergegee word. Geen waarborge vir die uitwerking van aromatiese olies kan gegee word nie.

Inhoud

AFDELING B: TERAPEUTIESE BESKRYWING VAN OLIES ... 63

• Algoede-olie • Anysolie • Arnika-olie • Basielkruidolie • Bensoïne-
harpuis • Bergamotolie • Berkeboomolie • Bloekomolie • Bonekruidolie
• Dennenaaldolie • Dille-olie • Dragon-olie • Duisendbladboomolie • Elemi-
olie • Gemmerolie • Gousblomolie • Groenmentolie • Hisopolie
• Jasmynolie • Jenewerolie • Kajapoetolie • Kamille-olie • Kaneelolie
• Kanferolie • Kardemomolie • Karwysaadolie • Knoffelolie • Koljanderolie
• Komynolie • Kuskusgrasolie • Lavandinolie • Laventelolie • Lemmetjie-
olie • *Litsea cubeba*-olie • Marjoleinolie • Mirre-olie • Mirteboomolie
• Naeltjie-olie • Nartjie-olie • Neroli-olie • Neutmuskaatolie • Niaouli-olie
• Olie van Spika • Orego-olie • Palmarosa-olie • Patsjoelie-olie
• Pepermentolie • Petitgrain-olie • Pietersieliesaadolie • Polei-olie
• Pomelo-olie • Rooitiemie-olie • Rooshoutolie • Roosmarynolie • Roosolie
• Salie-olie • Sandelhoutolie • Sassafrasolie • Sederhoutolie
• Selderysaadolie • Sipresolie • Sitroengrasolie • Sitroenkruidolie
• Sitroenverbena-olie • Sitronella-olie • Soetlemoenolie • Suurlemoenolie
• Swartpeperolie • Teeboomolie • Tiemie-olie • Vinkelolie • Wierookolie
• Wildemalva-olie • Wortelolie • Wurmkruidolie • Wynruitolie • Ylang-
Ylangolie

AFDELING C: LIGGAAMSTOESTANDE: 111

• Aambeie • Aansteeklike siektes • Aarverkalking • Absesse • Aknee
• Allergieë • Amenoree • Angs • Artritis en rumatiek • Asemhalings-
probleme • Asma • Blaasontsteking • Bloedarmoede • Bloeding
• Bloedsomloop • Borsklierontsteking • Borste • Braking • Brandwonde
• Borsaandoenings • Cholesterol • Depressie • Dermatitis • Diabetes
• Diarree • Duiseligheid • Eelte • Ekseem • Epilepsie • Galblaasprobleme

• Geheue • Griep • Haarverlies • Halitose • Hardlywigheid • Hartkloppings
• Hartseer • Herpes • Hik • Histerie • Hoë bloeddruk • Hoes • Hoofpyn
• Hooikoors • Immuniteitsprobleme • Impotensie • Indigestie • Insekbyte
• Insekweerders • Irritasie • Jeuksiekte *(Scabies)* • Jig • Keelseer • Kilheid
• Kinkhoes • Kneusings • Koliek • Koors • Koorsblare • Kopluise • Lae
bloeddruk • Laringitis • Lewerprobleme • Liddorings • Littekens
• Longontsteking • Maagkrampe • Mangelontsteking • Masels • Mastitis
(Borsklierontsteking) • Menopouse • Menstruasie – algemene probleme
• Menstruasie – amenorie • Menstruasiepyn • Migraine • Moegheid • Mond-
en tandvleisinfeksie • Muskietbyte • Naarheid • Naskeermiddel • Neuralgie
• Niere • Nierstene • Omlope • Oorgewig • Oorpyn • Pitswere
• Premenstruele spanning • Respiratoriese probleme • Rumatiek • Selluliet
• Senu-uitputting • Senuweepyne • Sinus • Skilfers • Skok • Slaaploosheid
• Slegte asem • Slegte spysvertering • Sonbrand • Sooibrand • Spanning
• Spatare • Spierpyn • Sport • Stuipe • Swakheid • Swere • Tandpyn
• Tandvleisprobleme • Urienretensie • Urienwegprobleme • Vaginale
infeksies • Velaandoenings • Velsorg • Verkoue • Verstuiting • Virussiektes
• Vloeistofretensie • Voetskimmel • Vratte • Waterpokkies • Winderigheid
• Wintertone • Wonde

AFDELING
A

Algemeen

1 Inleiding

Aromaterapie ... die blote woord wek beelde van geur en weelde, 'n wonder-wêreld van verruklike aromas. Dít bied aromaterapie wel, maar meer basies beskou, omvat dit die gebruik van plantolies as stimulerende en genesende agente in die menslike liggaam.

> ❀ Aromaterapie is die terapeutiese gebruik van aromatiese plantolies om genesing en balans in die liggaam teweeg te bring.
>
> Die term "aromaterapie" is ontleen aan die Griekse woorde *aroma* en *therapeia.* Die woord *aroma* beteken "geur; aangename reuk". Die woord *therapeia* beteken "behandeling van siekte of kwale (fisiek of geestelik); geneeswyse".
>
> Die Engelse term *essential oils* kan ook vertaal word met "eteriese olies" of "vlugtige olies". In hierdie boek word egter deurgaans die term *aromatiese olies* gebruik, aangesien dit as meer gepas en be-skrywend beskou word en ook gemakliker op die tong val.

Tot redelik onlangs was aromaterapie as vakgebied feitlik onbekend in Suid-Afrika, maar die publiek se bewustheid hiervan bly groei en steeds meer erken-ning word gegee aan die doeltreffendheid van aromatiese plantolies.

Aromaterapie is nie slegs 'n wetenskap nie, maar ook 'n kunsvorm. 'n Liefde vir dié vakgebied en vir die wonderlike natuurlike olies wat dit bekend stel, verryk enigeen wat daarmee werk. In hierdie veld word die vaardigheid van die terapeut gemeet aan haar kreatiwiteit ten opsigte van die vermenging van die aromatiese olies. Afgesien van die gebruik van aromaterapie as kliniese terapie, setel baie van die waardering daarvoor in die onbetwisbare estetiese bekoring van die geurige olies.

Aromatiese plantolies kom voor in klein hoeveelhede in sekere plante. Hierdie olies speel 'n lewensnoodsaaklike rol in die biochemie van die betrokke plante. Aromatiese olies bevat hormone, vitamines, antibiotiese en antiseptiese komponente, en funksioneer as swamdoders, pesbestryders en klemdoders in die plante self. So bevat salie, pietersielie en hops die hormoon estrogeen, ter-wyl roosmaryn die afskeiding van gal verhoog en die uitskeiding daarvan verge-maklik. Deur middel van sekere prosesse word hierdie olies onttrek uit plante, en saam met die olies kom die inherente energie, "intelligensie" en lewenskrag van die plant.

✿ Kommersieel word aromatiese olies gebruik in kosmetiese middels, parfuum, farmaseutiese produkte, toiletware en voedsel. So vind ons hulle in patente medisyne, tonikums, haarolies, tandepasta, kossoorte, likeurs, ensovoorts.

Hoewel die hedendaagse gevorderde wetenskap 'n plantolie uit die natuur in 'n laboratorium kan dupliseer, kan die eindproduk nooit dieselfde kwalitatiewe eienskappe hê as die ware Jakob nie. Die sintetiese chemiese produk dra altyd klein persentasies van ongewenste stowwe daarmee saam wat nie in die natuurlike produk voorkom nie. 'n Aromatiese olie in die natuurlike vorm sal weinig newe-effekte hê, terwyl 'n chemiese plaasvervanger moontlik 'n negatiewe reaksie kan meebring. Elke terapeut moet voortdurend daarvan bewus bly dat die lewensbelangrike ensieme en ander natuurlike bestanddele van die egte produk in sintetiese olies ontbreek. 'n Aromatiese olie bestaan uit honderde chemiese komponente – die meeste daarvan in geringe hoeveelhede. Die spoorelemente is net so belangrik as die ander komponente, en die krag van enige lewende organisme lê juis in die kombinasie van al sy chemiese elemente.

In die sintetiese olie met presies dieselfde molekulêre uitleg as die natuurlike olie ontbreek 'n sekere inherente kennis wat natuurlike molekules het om met ander lewende molekules saam te werk. Die heel belangrikste ontbrekende faktor is natuurlik die *lewenskrag* – die energie wat slegs in die natuur gevind word, en wat die liggaam versterk en genesing teweeg bring. Dit kom daarop neer dat slegs 'n natuurlike olie 'n voorspelbare effek kan lewer – moet dus *nooit* 'n sintetiese plaasvervanger gebruik nie!

Aromatiese olies is hoogs gekompliseerd en moet nooit in onkunde gebruik word nie. Dit is dus noodsaaklik om deeglike kennis oor die vakgebied in te win voordat u enige formules of vermengings aandurf. Wanneer die olies met die nodige respek behandel word, sal dit wonderlike en ongeëwenaarde resultate lewer. Wees egter gewaarsku dat aromatiese olies uiters gekonsentreerd is en nie onverdund op die vel gebruik mag word nie, aangesien velirritasie en allergiese reaksies kan voorkom. Om hul suiwer karakter te behou, behoort aromatiese olies nooit met diervette of mineraalolies vermeng te word nie.

Wanneer aromatiese olies korrek vermeng en aangewend word, verskaf dit 'n terapie wat veilig is vir persone van alle ouderdomme – van babas tot grysaards. Die olies verlig ongemaklike simptome, verhoog die liggaam se immuniteit teen siektes en infeksies en versterk die organe en liggaamstelsels. Kieme en organismes word vernietig sonder dat die liggaamsweefsels beskadig word. Verder bied dit skadelose behandeling vir die stres en spanning van vandag se haastige leefwyse, dien dit oor die algemeen as 'n voorkomende maatreël teen siekte en bied dit sterk ondersteunende terapie vir meer konvensionele mediese sorg.

2 Die geskiedenis van aromatiese olies

Om werklik heel voor te begin, moet ons teruggaan na die oertyd – 60 000 jaar die verlede in, die tyd van die Neanderdalmens. In 1975 het argeologiese opgrawings in Irak bewyse opgelewer dat kruie vir allerlei doeleindes deur die eerste mense gebruik is. Kruieruikertjies is gevind langs die oorblyfsels in primitiewe grafte – aromatiese plante was dus vanaf die vroegste tye deel van die mens se bestaan.

Antieke Egipte

In Antieke Egipte is gekonsentreerde plantolies wyd gebruik – nie net in godsdienstige rituele nie, maar ook vir medisinale gebruik, en vir skoonheid en persoonlike higiëne. Die Egiptenare het wonderlike botaniese tuine gehad, met plante van regoor die wêreld. Priesters het hierdie plante gebruik om medisyne en aromatiese parfuums en salf te maak.

Godsdienstige rituele

Aromatiese olies is eerste deur priesters gebruik, deur wie dit gebrand is tydens sekere rituele. Aromatiese plante soos jenewer, mirre en sederhout is in die strate en in tempels verrook tydens godsdienstige feeste en prosessies. So is kamille-olie daagliks aan Ra, die songod, geoffer, juis omdat dit deur die Egiptenare beskou is as 'n wondermiddel wat alle siektetoestande genees. Wierook is ook drie keer per dag in die tempel van Ra gebrand – harpuis met sonsopkoms, mirre in die middaguur en *kyphi* (kyk bladsy 8) met sonsondergang. Mirre is aan die maan opgedra en is gebruik in die balsemproses. Die priesters het ook in hul rol as genesers aromatiese olies gebruik om siektes van die psige, soos depressie, senuweeagtigheid en maniese optrede, te behandel. Geleerdes van regoor die antieke wêreld het Egipte toe gegaan om die geneeskunde te bestudeer, en het daarvandaan die kennis oor plantolies versprei. Om belangrike geskrifte te bewaar, is sederolie byvoorbeeld aan papirusse gesmeer.

Dit is natuurlik algemeen bekend dat aromatiese middels gebruik is in die preservering van menslike oorblyfsels – gebalsemde dooies of mummies. Apies, heilige ibisse en katte is ook so gepreserveer. In die meeste gevalle was die aktiewe bestanddele sederolie en mirre-olie. Die antiseptiese eienskappe van die olies is so kragtig dat die gebalsemde liggame vir eeue bewaar gebly het sonder dat verrotting ingetree het. By nadere ondersoek van mummies is selfs gevind dat die geur van mirre en sederhout na nagenoeg 3 000 jaar nog herkenbaar was in die onderste lae verbande! Die balsemproses het ongeveer 70 dae geduur. Sederolie is in die lyk gespuit en daarna is dit vir 40 dae gelaat om uit te droog. Die res van die tyd is gewy aan godsdienstige rituele, die verdere behandeling van die lyk met aromatiese olies en die verbinding van die lyk. Die buitenste verbande is in byewas gedoop en met gelatien vasgeplak.

- Gekonsentreerde plantekstrakte is deur koningin Hatshepsut na Egipte gebring deur die handelsekspedisies wat sy dwarsoor die bekende wêreld van daardie tyd gestuur het. So is naeltjie-olie en kaneelolie vanaf die Verre-Ooste (Indië en China) na Egipte gebring. Daar is bewyse dat die Oosterse volke aromatiese olies gebruik het vir meer as 'n duisend jaar voor die tydperk van die farao's. Koningin Hatshepsut het self aromatiese olies en vermengings gebruik en het die gebruik daarvan aanbeveel.

- Toe Cleopatra uitgeseil het om Marcus Antonius te ontmoet, het sy die purper seile van die koninklike skuit met aromatiese olies deurdrenk om hom te beïndruk.

- 'n Graniettablet aan die voet van die sfinks by Giza in Egipte toon 'n offer van wierook en olies deur koning Thutmos aan 'n god met die liggaam van 'n leeu. Thutmos het geleef vanaf 1425 v.C. tot 1408 v.C.

Ander gebruike

'n Papirus wat uit 3 000 v.C. dateer, beskryf die medisinale aanwending van plante. Die Egiptenare het aanvanklik hul eie olies vervaardig deur kruie en blomme te week in kasterolie.

Was en aromatiese olies is deur welaf Egiptenare, wat kosbare olies kon bekostig, in keëls gevorm en bo-op hul pruike gedra. In die hitte het hierdie keëls dan stadig gesmelt en die vars, skoon geur van mirre, roosmaryn of tiemie vrygestel. Nie alleen het die olies die rol vervul van die eerste reukweerders nie, maar dit het ook die verbruikers daarvan beskerm teen aansteeklike siektes danksy hul ontsmettende en antiseptiese eienskappe.

Besoekers aan huis van welgestelde Egiptiese burgers is verwelkom met water, gegeur met plantolies, om hulself te verfris, en om muskiete te verdryf. Vooraanstaande Egiptenare het aromatiese olies by hul badwater gevoeg. Hulle baddens was uitgerekte rituele met afwisselende warm en koue water, en geurige plantolies is tydens die badproses gebruik vir massering. Die aromatiese olies van sederhout, kaneel, lelies en henna is dikwels gebruik.

Die Egiptiese koningin, Nefertiti, het volgens oorlewering die aromatiese olies van meer as 80 kruie, plante en vrugte in haar bad gebruik. Sy het ook blomprodukte gebruik vir velversorging.

Kyphi

Een van die oudste bekende formules vir aromatiese olies het by die Egiptenare ontstaan. Die mengsel, genoem *kyphi,* het bestaan uit 'n vermenging van 16 aromatiese ekstrakte. Dit het onder andere olies van kalmoes, henna, jenewer, kassie en kaneel bevat. 'n Duidelike bewys van die wonderlike vermoë van suiwer plantolies om stabiel te bly oor 'n lang tydperk word weerspieël deur die volgende staaltjie, wat al 'n legende is in vakkringe:

In die jaar 1350 v.C. is flesse en erdehouers met die *kyphi*-mengsel in die grafkamer van die groot Farao Toetankamen geplaas, tesame met die ander benodigdhede vir sy voorspoedige reis na die ewigheid. Sowat 3 272 jaar later, met die oopmaak van die grafkelder in 1922, was die onmiskenbare geur van *kyphi* nog steeds duidelik herkenbaar!

Kyphi is aanvanklik as wierook gebruik, maar is later in vloeibare vorm ook deur die Grieke en Romeine aangewend.

Onttrekking van olies uit plante

'n Bekende figuur uit die antieke Egiptiese geskiedenis, Imhotep, ontwerper van die eerste piramide, het eksperimente uitgevoer om maniere te vind vir die onttrekking van olies uit plante.

'n Franse deskundige, dr. Jean Valnet, het beweer dat die Egiptenare vanaf die vroegste tye 'n primitiewe distillasieproses gebruik het. Plantmateriaal kon moontlik in water in kleipotte geweek gewees het. Met die opening geseël deur wolvesels sou die potte dan verhit word. Stoom, tesame met plantolies, sou dan gevorm word, opstyg en deur die wol geabsorbeer word. Later is die olie uit die wol gepers en in flesse bewaar.

'n Kenmerkende muurbeeld wat uit 600 v.C. dateer, wys vroue wat lelies in groot sakke van lap bymekaarmaak. Hierdie sakke word aan weerskante vasge-

hou deur 'n man met 'n stok. Daar kan aanvaar word dat die stokke gedraai sou word om sodoende kosbare olie uit die blomme te pers.

In die derde eeu n.C. het Zozime, ook 'n bekende chemikus van Egipte, in geskrifte vertel van etlike ontwerpe van distilleringsapparate vir plantekstrakte wat voorgekom het op die mure van 'n tempel in Memphis.

Griekeland

Die antieke Grieke het hul goeie kennis van aromatiese olies meestal verkry deur kontak met die Egiptenare. In die vroegste tye het hulle geglo dat die welriekende olies deur die gode geskep is en dat die mitologiese nimf, Aeone, die kennis daarvan oorgedra het aan die mens. Hulle het ook geglo dat die gode, geklee in geparfumeerde klede, op geurwolke na die aarde neergedaal het. Die Grieke sou dan ná hul dood na Elysium geneem word, 'n wonderwêreld met riviere van geurige olies wat deurentyd 'n heerlike aroma in die lug sou laat. Daar bestaan geskrifte waarin die effek van verskillende olies op die gesondheid, emosies en intellek aangeteken is.

Gedurende die eerste 100 jaar n.C. het Dioscorides bespiegel oor die oorsprong van die distillasie van plantolies. Volgens hom lui die tradisionele verhaal dat een of ander geneeskundige 'n klomp pere tussen twee erdebakke gaargemaak het. Met die verwydering van die boonste bak het hy gevind dat stoom daarbinne gekondenseer het. Die waterdruppels wat in die proses gevorm het, het die smaak en geur van peer gehad. Hierdie ontdekking het hom tot so 'n mate geïnspireer dat hy etlike ingewikkelde instrumente bedink het om hierdie wesenlike bestanddeel uit medisinale plante te onttrek.

Die Grieke het olyfolie gebruik as basis, en van kruie en welriekende plante infusies daarin gemaak. Hierdie aromatiese infusies is dan gebruik om hul kledingstukke, liggame en huise mee te geur. Wyn gegeur met viooltjies, mirre en rose is ook baie hoog aangeskryf, moontlik omdat die aromatiese olies die nagevolge van te veel drank help voorkom het! Hippokrates, die vader van die mediese professie, het aanbeveel dat 'n daaglikse aromatiese bad en masserings met aromatiese olies 'n lang leeftyd sou verseker. Hy het ook ten tye van 'n groot plaagepidemie in Athene aromatiese pesbestrydingsmiddels gebruik.

- Die Romeine het dikwels gesiene Griekse medici soos Galen en Dioscorides as militêre dokters of persoonlike dokters van keisers aangestel.
- Griekse soldate het altyd mirresalf vir die behandeling van wonde saamgeneem na die slagveld.

'n Belangrike skoonheidshulpmiddel van Griekse oorsprong is koelpommade (*cold cream*). Oorspronklik is 'n mengsel van roosblare, olyfolie en water vir velsorg aangewend. Deur die eeue is slegs geringe veranderinge aan en toevoegings tot hierdie beproefde resep gemaak om die koelpommade wat vandag steeds in gebruik is, te vervolmaak.

Rome

Kennis aangaande aromatiese olies en die gebruik daarvan het van die antieke Grieke en Egiptenare versprei na die Romeine. Die Romeinse burgers was entoesiastiese verbruikers van plantolies.

Teen die jaar 3 v.C. was openbare baddens algemeen in Rome. Elkeen het 'n spesifieke kamer gehad, genoem die *unctarium,* waar besoekers met aromatiese olies gemasseer is. Roosolie en laventelolie was besonder gewild. Die meer welgestelde Romeinse burgers is tuis deur hul eie slawe met aromatiese olies gepamperlang. Vroue sowel as mans het aromatiese olies gebruik.

❀ Die naam "laventel" kom van die Romeinse woord *lavare* wat beteken "om te was", juis omdat laventelolie so dikwels gebruik is om was- en badwater te geur.

Wanneer 'n Romeinse generaal 'n groot veldslag gewen het, is 'n luisterryke optog deur Rome se strate gehou om hom te vereer. Wierook, 'n gom of hars afkomstig uit Arabië, is dan in die strate gebrand om die welriekende geur deur die hele omgewing te versprei.

Die Midde-Ooste

Die werke van Galen, Hippokrates en Dioscorides is in Persies en ander Arabiese tale vertaal en so het die kennis oor plantolies vanaf Griekeland versprei. Baie Romeinse dokters het ook ná die val van Rome met hul boeke en kennis na Konstantinopel gevlug.

Handelsekspedisies na die Verre-Ooste het sandelhout, kassie, kanfer, neutmuskaat, naeltjies en mirre teruggebring, en hierdie aromatiese plante is in medisynes en parfuums gebruik. Geneeskundiges het rooswater met kanfer en sandelhout daarin gebruik om hul klere en liggame te ontsmet, en so die antiseptiese eienskappe van die aromatiese plantolies benut om hulself teen infeksie te beskerm.

In Babilonië is kleitablette gevind uit die jaar 1800 v.C., wat inligting verskaf oor die invoer van sederhout, mirre en sipres. Selfs die sement wat gebruik is in die bou van tempels is met olies gegeur! Die antieke Perse het roos- en lemoenbloeiselwater gebruik, nie net vir kosmetiese doeleindes nie, maar ook as geneesmiddels. Die Assiriërs het toeskouers by hul spele met aromatiese olies besprinkel.

Avicenna

Die prominente Arabiese geneeskundige van Konstantinopel, Abu Ibn Sina, oftewel Avicenna soos hy in die Westerse wêreld bekend was, het in die tiende eeu heelwat boeke oor geneeskunde geskryf, onder meer 'n omvattende naslaanwerk, genaamd die *Al Q'Anun* – die leerreëls van medisyne. In hierdie lywige boek is aromatiese olies prominent behandel. Hy het onder andere jenewer-, koljander-, kamille-, anys- en naeltjie-olie bespreek. Avicenna se heel eerste boek het gehandel oor die voordelige eienskappe van die roos.

Die distilleringsproses van aromatiese olies is gedurende die elfde eeu v.C. deur die Arabiere vervolmaak. Hoewel die ontwikkeling van dié proses oor 'n lang tydperk geskied het, kry Avicenna algemene erkenning vir hierdie prestasie, veral vir die ontwikkeling van die verkoelde draaipyp waarin die produk kondenseer. Die apparate wat vandag gebruik word, is tot 'n groot mate nog dieselfde – ná eeue van tegnologiese vooruitgang!

* Distillasiepotte soos die erdepotte wat in Egipte gebruik is om plantolies te onttrek, is naby Ninevé gevind. 'n Primitiewe stoomdistillasiemetode was waarskynlik so vroeg as 3 500 v.C. in Mesopotamië in gebruik.
* Die eerste ekstrak wat suksesvol gedistilleer is, was dié van *Rosa Centifolia*. Rooswater is na die Verre-Ooste en Europa uitgevoer.

Israel

Die Bybel vertel ons heelwat omtrent die gebruik van aromatiese olies. 'n Voorbeeld is die gewyde olie van Moses soos beskryf in Eksodus 30:22–25:

> Die Here het vir Moses gesê: "Gebruik die standaardmaat van die heiligdom en meet die volgende speserye af: vyf honderd dele vloeibare mirre, die helfte soveel geurige kaneel, twee honderd en vyftig dele geurige kalmoes, vyf honderd dele kassie, en vier liter olyfolie. Maak daarvan gewyde salfolie, goed gemeng soos wanneer 'n vakman parfuum maak. Dit is die gewyde salfolie."

Wat 'n wonderlike voorbeeld van die gebruik van geurige plantekstrakte! Daar word aanvaar dat die bedrewenheid met aromatiese olies vanaf Egipte gekom het.

Nardusolie, berei uit die wortels van die welriekende nardusstruik, was baie duur. In Hooglied 1:12 lees ons:

> So lank die koning op sy rusbank gelê het, het my nardusparfuum se geur versprei.

11

A: Algemeen

Markus 14:3–5 beskryf hoe Jesus met hierdie duur olie vereer is:

> Jesus was in Betanië in die huis van Simon die melaatse. Terwyl Hy aan
> tafel was, het daar 'n vrou gekom met 'n albastefles egte, baie duur
> nardusolie. Sy het die fles oopgebreek en die inhoud daarvan op sy kop
> uitgegiet. Party van die mense het onder mekaar hulle verontwaardiging
> uitgespreek: "Waarvoor is hierdie vermorsing van reukolie? Hierdie
> reukolie kon vir meer as drie honderd silwermuntstukke verkoop en die
> geld vir armes gegee gewees het." En hulle het teen haar uitgevaar.

Ook in Johannes 12:3 word hierdie verhaal vertel, en die waarde en geurigheid
van die nardusolie beklemtoon:

> Toe het Maria 'n halfliter egte, baie duur nardusolie gebring en dit op
> Jesus se voete uitgegiet en sy voete met haar hare afgedroog. Die hele huis
> is deurtrek met die geur van die reukolie.

Verroking van die aromatiese olies om hul heerlike geur vry te stel is dikwels in
die Bybelse tye gedoen en het tot eer van God plaasgevind. Eksodus 30:34–35
verskaf die geurige resep:

> Die Here het verder vir Moses gesê: "Vat die volgende geurige speserye in
> gelyke hoeveelhede: hars, naeltjies, galbanum en suiwer wierook. Berei dit
> as wierookoffer. Meng dit soos 'n vakman dit doen. Dit moet gesout wees,
> rein en gewyd."

In 2 Samuel 12:20 word berig hoe aromatiese olie gebruik is vir die versorging
van die liggaam:

> Toe het Dawid van die grond af opgestaan. Hy het gaan was, reukolie
> aangesmeer, aangetrek en na die heiligdom toe gegaan om te aanbid.

Ook in Psalm 104:15 lees ons van "olie om die gesig te versorg ..."

Plantekstrakte en olies is in die Bybelse tyd beskou as simbole van voor-
spoed en oorvloed. So word ons in Deuteronomium 33:24 vertel hoe geseënd
Aser is: "... hy is die gunsteling onder sy broers en hy sal sy voete met olie
was ..." Met Job het dit ook goed gegaan: "Ek het oral voorspoed geniet: volop
dikmelk en strome olyfolie" (Job 29:6).

Daar word verder in Jesaja, Markus en Lukas beskryf hoe salf en olie gebruik
is as medisyne en om beserings, sere en wonde te behandel. Olie is daagliks as
geneesmiddel gebruik en soms met wyn vermeng om wonde te reinig, soos blyk
uit die gelykenis van die barmhartige Samaritaan.

Joodse vrouens het klein sakkies gevul met aromatiese kruie om hul nekke
gedra wat as reukweerder en antiseptiese middel gedien het.

In die tyd van die Nuwe Testament is olies gebruik om die vel te reinig en teen die droë, warm woestynlug te beskerm. Die olies was baie kosbaar en duur en is in spesiale albasteflesse verseël. Hierdie flessies is gemaak met 'n dun nek om die vloei van die olie te vertraag. Die Romeinse oorheersers het hul tradisies saamgebring Israel toe, en in navolging van hulle het die welgestelde Jode ook slawe of bediendes gehad wat besoekers verwelkom het en hul hande en voete met geurige olies gewas het. Dikwels is kuiergaste se hoofde ook met olie gegeur as 'n gebaar van gasvryheid.

Minder welaf mense het hul eie infusies gemaak deur aromatiese plante in olyfolie te week, eerder as om die peperduur ingevoerde olies, ingebring vanaf die Verre-Ooste en Afrika, te gebruik.

China

In China is aromatiese olies eeue gelede al gebruik om akupunktuur en masseerbehandelings te komplementeer. Spesiaal voorbereide olies is tydens godsdienstige seremonies gebruik, en daar is geglo dat hierdie olies magiese eienskappe het. Die Chinese het 'n spesie van jasmyn, die *Mo-Lu-Wa*, hoog geag, aangesien die sterk geur van slegs een blom 'n ganse saal kon deurtrek.

Shen Nung, 'n Chinese keiser, het ongeveer 2 700 jaar v.C. 'n mediese boekdeel laat skryf wat bykans 350 medisinale plante aanhaal. Ongeveer 2 000 jaar v.C. is nog 'n mediese naslaanwerk gepubliseer deur die Chinese keiser Kiwang-Ti. Etlike aromatiese olies word in hierdie omskrywende boekdeel genoem, en eienskappe wat in daardie tyd aan die olies toegedig is, word deur moderne navorsing bevestig.

Indië

Indië het vanaf die vroegste tye gebruik gemaak van aromatiese olies deur verroking van sekere geurige plante tydens godsdienstige rituele. Van groter belang is die feit dat hulle reeds eeue lank aromatiese olies se medisinale eienskappe erken het. Die oudste vorm van Indiese medisyne, Ayurvediese medisyne, word reeds vir langer as 10 000 jaar gebruik. Massering met aromatiese olies vorm deel van die behandeling, en infusies van plante word gemaak en gebruik vir verskillende siektetoestande van die liggaam. Die *Vedas*, een van die heiligste boeke van Indië, asook een van die oudste boeke in die wêreld, noem 700 verskillende plantaardige medikasies. Kaneel, koljander, mirre, sandelhout en nardus word byvoorbeeld in hierdie werk genoem. Die gebruik van aromatiese olies vir terapeutiese en godsdienstige gebruike word deur die *Vedas* voorgeskryf.

'n Indiese geskrif wat dateer uit die jaar 2 000 v.C., die *Ramayana*, vertel van parfumiers, 'n bewys daarvan dat aromatiese olies aan gewone mense bekend was, en nie slegs aan koninklikes en geneeskundiges nie.

Europa en Brittanje

Gedurende die Middeleeue is kennis van aromatiese olies en die distillerings-proses deur die kruistogte vanaf die Ooste na Europa en Brittanje gebring.

Brittanje

Die eerste bewyse van die gebruik van natuurlike olies in Brittanje dateer uit die 13de eeu, en gedurende die 16de eeu het 'n botanikus, William Turner, plante beskryf in terme van hul effek op die menslike liggaam. Aanvanklik is die leerstelling van *signatures* aangehang, wat daarop gegrond was dat plante of plantgedeeltes wat soos sekere dele van die menslike liggaam lyk, effektief was in die behandeling van daardie besondere deel van die liggaam. Hierdie teorie is stelselmatig deur 'n meer wetenskaplike benadering vervang. Nicholas Culpepper het in 1652 'n boek oor kruie geskryf wat die medisinale eienskappe van honderde plante beskryf het, en tans nog as naslaanwerk gebruik word. Teen die einde van die agtiende eeu is 'n werk, *Herbal,* gepubliseer, wat dertien aromatiese olies as amptelike medikamente aangeteken het.

Frankryk, Italië en Duitsland

Teen die tyd van die vierde kruistog in die vroeë 13de eeu was Frankryk reeds gevestig as die grootste parfuumsentrum van Europa. Die Bologne-skool het in hierdie tyd aromatiese olies in die behandeling van siektes gebruik.

Dokters van 17de-eeuse Duitsland het leermaskers gedra met besoeke aan pasiënte met aansteeklike siektes. Hierdie maskers het 'n keëlvormige punt gehad wat gevul was met aromatiese olies en kruie om hulle teen infeksie te beskerm.

Die boomgom van sipres- en dennebome is in Middeleeuse Europa in sieke-kamers en in die strate verrook om die verspreiding van die Groot Plaag te voorkom. Daar is geredeneer dat die aromatiese rook "duiwels uitdryf", maar inderwaarheid het die mense deur die verroking die antiseptiese eienskappe van die plantolies vrygestel en so die siekte afgeweer.

Hoewel die gewone bevolking die gebruik van aromatiese stowwe voor die Renaissance as ligsinnig en bykans immoreel beskou het, het welgestelde mense hul eie distilleerfasiliteite gehad om olies te verskaf vir parfuums en medisinale gebruik. Linne en kledingstukke is met die olies behandel om as in-sekdodende middels te dien en kleremotte en vlooie weg te hou. Laasgenoemde was in daardie tye berug as die draers van die Groot Plaag en ander infeksies.

Dit is interessant dat parfumiers nie vatbaar was vir dodelike siektes soos cholera en die Groot Plaag nie – die wonderlike antiseptiese eienskappe van die gekonsentreerde olies waarmee hulle daagliks gewerk het, het hulle beskerm. Net so het die handskoenmakers van Grasse die Groot Plaag vrygespring. Die laventelolie waarmee hulle handskoene deurweek het om die liggaamsreuke van die draer daarvan te verbloem, het hulle teen infeksie beskerm.

❀

- Dit was algemeen dat mense aromatiese olies gebruik het om die reuke van ongewaste liggame en klere te verdoesel, en ook die stank van afval in die strate is verbloem deur klein kruieruikers saam te dra. So 'n ruikertjie is 'n *tussiemussie* genoem – die aromatiese olies van hierdie kruie het definitief ook 'n mate van beskerming teen oordraagbare infeksies verleen.

- Die "asyn van die vier rowers", wat vandag nog gewild is onder kruieliefhebbers, het sy oorsprong in die 18de eeu. Vier diewe het tydens die Groot Plaag die huise van plaagslaggoffers besteel sonder om die siekte aan te steek, aangesien hulle hulself gewas het met asyn waarin onder andere roosmaryn geweek is. Ander bestanddele was salie, laventel, wynruit en wurmkruid.

Moderne aromaterapie

Agtiende en negentiende eeue

Teen die 18de eeu was aromatiese olies in algemene gebruik deur sowel kruiedokters as konvensionele mediese dokters. Gedurende die laaste helfte van die 19de eeu het navorsing in die antibakteriologiese eienskappe van die plantolies begin. Robert Koch het in 1881 die uitwerking bestudeer van olies op die basilorganisme, en in 1887 het Chamberland 'n studie gemaak van die uitwerking van orego-, kaneel- en naeltjie-olie. Ander navorsing om die antiseptiese uitwerking van aromatiese olies te bepaal, is gedoen deur Rideal en Walker, en Kellner en Kober. Ongelukkig het hierdie vooruitgang daartoe gelei dat sogenoemde onsuiwerhede uit die plantekstrakte verwyder is – die bestanddele wat van primêre belang in die chemiese samestelling van die betrokke plantolies is, aangesien dit die elemente is wat teenreaksies voorkom. Die daaropvolgende negatiewe uitwerkings het natuurlik veroorsaak dat die gewildheid van die olies afgeneem het.

Chemiese ontwikkeling van sekere van die komponente van olies is ook onderneem. Hierdie olies het egter nie die genesende eienskappe van die ware olies bevat nie, en terapeutiese aanwending van aromatiese olies het gevolglik feitlik verdwyn. Die begin van die 20ste eeu het egter 'n herlewing in die belangstelling in aromatiese olies ingelui en die aanvraag na suiwer, natuurlike aromatiese olies het gegroei.

Twintigste eeu

Vroeg in die 20ste eeu het die Fransman, René-Maurice Gattefosse, 'n onderneming op die been gebring vir die verskaffing van aromatiese olies aan die parfuum- en kosmetiese bedryf. Terwyl Gattefosse op 'n dag in die laboratorium

15

werksaam was, het sy hand erg gebrand. Hy het die wond dadelik in die naaste houer met vloeistof gedompel – laventelolie. Die pyn het onmiddellik verminder en genesing was besonder vinnig. Daar het ook feitlik geen littekens agtergebly nie. Gattefosse was so beïndruk met hierdie reaksie dat hy van toe af sy tyd gewy het aan navorsing oor die eienskappe van aromatiese olies. Tydens die Eerste Wêreldoorlog het hy gewonde soldate met aromatiese olies behandel, en in 1928 sy bevindinge gepubliseer in 'n boek genaamd *Aromatherapie* – vandaar die hedendaagse benaming. Gattefosse het onbetwis bewys dat die vel, wat nie water tot in die bloedstroom kan absorbeer nie, wel olierige stowwe kan absorbeer solank die molekulêre struktuur klein genoeg is.

Na die publikasie van Gattefosse se boek is baanbrekerswerk ook in Italië gedoen deur professor Paoli Rovesti, wat bewys het dat die inaseming van sekere aromatiese olies angstigheid en depressie kan verlig. Vir hierdie doel het hy lemoen-, suurlemoen- en bergamotolie gebruik. In dieselfde tyd het ook dokters Gatti en Cajola intensiewe navorsing gedoen wat die kennis oor aromatiese olies verryk het.

Gedurende die Tweede Wêreldoorlog is aromatiese olies deur dr. Jean Valnet gebruik om ernstige oorlogswonde van soldate te behandel. Nie alleen het hy wonde en gesondheidsprobleme met aromatiese olies behandel nie, maar ook emosionele probleme. Hy het onder andere aromatiese olies in die behandeling van kanker, diabetes en tuberkulose gebruik.

- Franse hospitale het tot redelik onlangs nog jenewer, tiemie en roosmaryn in die sale verrook om verspreiding van infeksies te voorkom.

- In Duitsland word aromatiese olies toenemend gebruik vir die behandeling van virusinfeksies, en veral sitroenkruid-olie word aangewend. Navorsing wat die kliniese eienskappe van aromaterapie bevestig, is gedoen deur dr. K. Schnaubelt, wat 'n tydskrifartikel in hierdie verband gepubliseer het.

- Japannese wetenskaplikes het in 1963 bevind dat vinkel-, pepperment- en ander olies 'n antispasmodiese uitwerking het op die ingewande van muise.

- Navorsing wat in 1970 gedoen is, het bewys dat suurlemoenolie as 'n ekspektorant meer doeltreffend was teen 'n dosis só laag dat dit nie geruik kan word nie, en verdere studie het ook bewys dat die olies help om hardnekkige kongestie van die longe te verlig en die uithoes van slym te vergemaklik.

Verdere navorsing is in Frankryk gedoen deur dr. Maurice Gerault. Hy het die aromatogram gebruik – 'n vaginale smeer is gebruik om die doeltreffendheid te toets van aromatiese olies om sekere mikro-organismes te vernietig. Hierdie

metode is deur ander Franse deskundiges uitgebrei om die effek van aromatiese olies op alle aansteeklike siektes te bestudeer.

’n Franse biochemikus, madame Marguerite Maury, het die aanwending van aromatiese olies deur massering ontwikkel. Haar belangstelling het daarin gelê om die plantolies in kosmetiese middels te gebruik ter verjonging van die vel, en sy het vele skoonheids- en velsorgbehandelings ontwikkel. Die dramatiese effek wat hierdie behandeling op haar kliënte gehad het, het haar tot verdere navorsing genoop, en sy is later vereer deur twee internasionale toekennings vir haar werk op hierdie gebied. Sy het ook ’n opleidingskliniek in Londen op die been gebring, wat baie bygedra het tot die algemene gewildheid van aromaterapie.

Al bogenoemde navorsing verhoog die aanvaarding van aromatiese olies deur stawing van die doeltreffende aksie van die olies, en beklemtoon die sterk terapeutiese eienskappe daarvan.

17

3 Wat presies is 'n aromatiese olie?

Natuurlike voorkoms

✿   'n Aromatiese olie is verantwoordelik vir die kenmerkende geur van plante en blomme. Klein intersellulêre sakkies, klieragtige haartjies of gespesialiseerde selle in sommige plante bevat klein hoeveelhede aromatiese olies.

Aromatiese olies verskil van plant tot plant wat betref hoeveelheid, sterkte en eienskappe. Die konsentrasie van olies verander ook afhangende van die tyd van die dag. In sommige plante is die konsentrasie olies vroegaand op hul sterkste, byvoorbeeld jasmyn, waarvan die konsentrasie olies die uur ná sonsondergang die sterkste is. Rose moet weer gepluk word voor die eerste tekens van dagbreek. Die jaargetye en ligging het ook 'n effek op die olies. Elke olie het 'n spesifieke samestelling, maar ook hier word variasies aangetref tussen dieselfde plante op grond van verskille in klimaat, kultivering en distilleringsprosesse.

In die natuur word die olies geleidelik vrygestel, maar wanneer die plantdeel wat die olie bevat verhit, gekneus of vergruis word, word meer olies vrygestel. Almal ken byvoorbeeld die heerlike geur wat vrygestel word wanneer 'n pepermentblaar of roosmaryntakkie tussen die vingers gerol word. In woude en beboste gedeeltes vind 'n natuurlike proses van diffusie (vrystelling) plaas en die aromatiese olies word as mikrogedeeltes vrygestel wat die lug en atmosfeer reinig en natuurlike osone in klein hoeveelhede verskaf.

In die aromatiese olies kom hormone voor wat groei en ontwikkeling in die plant stimuleer, en dien as katalisators en reaktiewe komponente, wat plante help om traumatiese omstandighede die hoof te bied. Hierdie olies kom in groter konsentrasies voor in gebiede waar uiterste klimaatomstandighede heers, soos byvoorbeeld woestynareas. In die Arabiese woestyn word aromatiese olies van mirrebosse deur die hitte vrygestel. Hierdie olies omring die plant soos 'n stralekrans en verhoed dat die skadelike strale van die son deurdring en die plant nadelig beïnvloed.

In die omgewing van Sinaï word 'n plant van dieselfde familie as die mirrebos aangetref wat soveel aromatiese olies in die hitte vrystel, dat dit die hele struik in 'n brandende gloed sou omring indien dit ontvlam. Roy Genders is van mening dat dit die brandende bos kon wees wat Moses teëgekom het.

Behalwe vir direkte beskerming, verleen aromatiese olies ook beskerming teen swaminfeksies, virusse en bakteriële aanvalle op die plant. Insekte en parasiete word só op 'n natuurlike wyse beheer, en die plant beskerm byvoorbeeld sy eie *lebensraum* deur afskeidings rondom die wortels, wat die groei van ander plante in sy nabyheid ontmoedig. Aromatiese olies se aangename geur lok insekte vir die noodsaaklike bestuiwingsproses en verseker dus die voortbestaan van die plant.

Akasiabome in Afrika verhoed op 'n wonderbaarlike manier dat hul blare gestroop word deur blaarvretende diere. Wanneer 'n kameelperd byvoorbeeld van 'n boom begin vreet, word 'n bitter smaak gou-gou aan die blare verleen wat die dier ontmoedig om verder te wei. Nie alleen verkry die blare van die spesifieke boom 'n onaangename smaak nie, maar deur vrystelling van die aromatiese olies word die boodskap van een boom na die ander oorgedra sodat die bome in die omgewing almal sleg smaak!

Verkrygbaarheid, koste en kwaliteit

Aromatiese olies vorm van 0,005 % tot 10 % van die plant, en hoe hoër die oliekonsentrasie in die plant, hoe hoër die opbrengs van olie verkrygbaar van die plant. Die koste van die olie hang natuurlik nou saam met die beskikbaarheid daarvan. Roosolie is byvoorbeeld veel duurder as bloekomolie, aangesien laasgenoemde meer olie oplewer. Tien kilogram bloekomblare lewer 1 ℓ olie, terwyl 33 kilogram laventel en 200 kilogram roosblare nodig is vir 1 ℓ aromatiese olie. Die olie wat uiteindelik gelewer word, is selde meer as 'n duisendste van die materiaal wat versamel word.

Wilde plante wat in suiwer, onbesoedelde omgewings groei, lewer die hoogste kwaliteit olie. Anorganies gekweekte plante word blootgestel aan chemiese stowwe soos pesbestryders, onkruiddoders en ander chemiese stowwe. Hierdie ongewenste elemente kan moontlik deur die aromatiese olies van die plante geabsorbeer word en so oorgedra word na die gedistilleerde produk, wat dit ongeskik maak vir terapeutiese gebruik.

Plantgedeeltes

Verskillende plante dra die olies in verskillende plantgedeeltes. Daar is plante wat verskillende olies met verskillende eienskappe in dieselfde plant het, maar

19

A: Algemeen

in verskillende gedeeltes. So lewer die lemoenboom byvoorbeeld die volgende olies:

soetlemoenolie (vrug se skil)
neroli-olie (bloeisels)
petitgrain-olie (blare)

Elkeen van hierdie olies het 'n eie besondersc reuk en spesifieke terapeutiese eienskappe.

❀ Die volgende is 'n uiteensetting van verskillende soorte aromatiese olies en die plantgedeeltes waaruit hulle verkry word:

Blare: Algoede, Basielkruid, Bloekom, Bonekruid, Kajapoet, Niaouli, Patsjoelie, Peperment, Petitgrain, Polei, Roosmaryn, Salie, Sipres, Teeboom

Blomme: Bonekruid, Jasmyn, Kamille, Laventel, Naeltjie, Neroli, Roos, Salie, Tiemie, Ylang-Ylang

Sade:	Anys, Kardemom, Karwy, Koljander, Komyn, Swartpeper, Vinkel, Wortel
Vrugte:	Bergamot, Jenewer, Sipres
Takke:	Kanfer, Sipres, Sitroenverbena, Tiemie
Boombas:	Berkeboom, Kaneel, Sassafras
Boomgom en hars:	Bensoïne-harpuis, Elemi, Mirre, Wierook
Skil van vrug:	Bergamot, Lemmetjie, Lemoen, Pomelo, Suurlemoen
Risome:	Gemmer, Kuskus
Wortels:	Sassafras
Hout:	Sandelhout, Sederhout, Rooshout
Naalde:	Dennenaald
Neute:	Neutmuskaat
Plant as geheel:	Hisop, Orego, Palmarosa, Sitroenkruid, Wildemalva

Komponente en samestelling

'n Aromatiese olie is 'n komplekse stof gevorm deur vele verskillende molekules. Die molekulêre patroon van 'n aromatiese olie bepaal sy terapeutiese eienskappe asook sy kenmerkende geur. Die wonderlike geure van aromatiese olies mag bedrieglik wees en die indruk skep dat die olies slegs estetiese waarde het. Elke aromatiese olie is egter gekompliseerd, en elke samestelling 'n wonderwerk in die kleine.

Elke aromatiese olie bevat ten minste 100 bekende komponente, onder andere alkohol, esters, aldehides, ketone, terpene, eters, fenols (karbolsure) en oksiede (suurstofverbindings). Daar kan aanvaar word dat selfs meer komponente bestaan wat nog nie deur die mens ontdek is nie. Bloekomolie is byvoorbeeld 'n samestelling van 250 bekende komponente.

Aromatiese olies bevat aktiewe komponente wat aan 'n spesifieke olie sy kenmerkende eienskappe verleen, soos antisepties, krampwerend, versterkend, ensovoorts. Die feit dat verskillende komponente voorkom wat verskillende eienskappe aan 'n aromatiese olie verleen, verklaar die verskynsel dat 'n enkele olie verskeie toestande wat nie verband hou nie, kan verlig. Die meeste aromatiese olies is adaptogene, wat beteken dat hulle 'n situasie kan balanseer – so kan laventelolie byvoorbeeld vir droë sowel as olierige vel gebruik word.

Ondanks die feit dat aromatiese stowwe bekend staan as "olies", het hulle in werklikheid weens hul samestelling eerder die konsistensie van 'n alkohol as 'n ware olie. Die molekules van 'n aromatiese olie is uiters klein, en baie vlug en beweeglik, met die gevolg dat verdamping vinnig geskied – vandaar die benaming "vlugtige olies". Hoewel alle molekules vrye elektrone bevat, bevat aro-

21

matiese olies se molekules 'n besonder groot aantal vrye elektrone, wat die vlugheid veroorsaak en vinnige verdamping tot gevolg het. 'n Druppel aromatiese olie sal byvoorbeeld nie 'n kol op papier of materiaal laat nie, maar binne 'n paar minute tot 'n aantal ure totaal verdwyn. Aromatiese olies is net gedeeltelik oplosbaar in water, maar wel ten volle oplosbaar in alkohol, plantaardige olies en was, en hierdie basisse word gebruik vir die vermenging van formules.

Navorsing wat deur dr. Jean Valnet gedoen is, het onweerlegbaar bewys dat die nabootsing van 'n olie op chemiese wyse in die laboratorium nie dieselfde werking het as die natuurlike produk nie. 'n Sintetiese olie mag miskien identies dieselfde molekulêre samestelling of uitleg hê as die natuurlike aromatiese olie, maar die krag en effektiwiteit van die natuurlike olie lê in die spesifieke kombinasie van elemente en spoorelemente wat in gedurige wisselwerking met mekaar verkeer. Indien 'n enkele komponent geïsoleer en sinteties opgebou sou word, kan die uitwerking op die menslike liggaam nooit dieselfde wees as wanneer die natuurlike olie in sy suiwer toestand gebruik word nie. Alle komponente, klein of groot, is saam verantwoordelik vir 'n sekere, veilige reaksie.

Om 'n enkele aktiewe komponent te isoleer en te vervaardig, mag die hele effek op die menslike liggaam verander, aangesien elke enkele komponent 'n onmisbare deel van die geheel vorm. Die inherente sinergistiese aksie van die verskillende komponente bepaal die terapeutiese eindbestemming van 'n aromatiese olie, daarom kan 'n sintetiese olie nooit die totaal gebalanseerde volmaaktheid van 'n natuurlike produk bereik nie. Die grootste leemte wat sintetiese olies betref, is dat die produk nie die **elektromagnetiese energie** bevat wat in natuurlike aromatiese olies opgesluit lê nie.

4 Die werking van aromatiese olies

Lewende natuurlike olies het 'n wonderlike verenigbaarheid met die menslike organisme, en as gevolg hiervan werk aromatiese olies op 'n biologiese vlak om te balanseer en genees. Die unieke molekulêre samestelling van die olies laat genesing dus op selvlak begin en die aktiewe komponente sit doodeenvoudig hul gewone beskermende en helende aksies voort in die menslike liggaam.

Moderne navorsing het die effektiwiteit van dié eeu-oue wetenskap bewys – die natuurlike chemikalieë in aromatiese olies is veilig, maak nie inbreuk op die prosesse van die menslike liggaam nie en is nie toksies nie, indien dit korrek gebruik word. Aromatiese olies word wel deur die liggaam geabsorbeer, maar bly nie agter in die liggaam nie. Dit word binne 'n kort periode uitgeskei deur die normale uitskeidingsprosesse. Aromatiese olies verlig die simptome van siektetoestande, maar belangriker nog, dit behandel die wortel van die kwaad, die onderliggende faktore wat 'n wanbalans in die liggaam veroorsaak. Die *persoon* word behandel, en nie die siektetoestand of simptome nie. Die olies versterk die liggaam, help liggaamstelsels om beter te funksioneer en verhoog die liggaam se weerstand teen infeksie. Aromaterapie werk sáám met die liggaam om genesing teweeg te bring.

Holistiese benadering

Aromaterapeutiese behandeling behoort deel uit te maak van 'n holistiese benadering tot genesing. Die woord "holisties" kom van die Griekse woord *holos* wat "genesing van die geheel" beteken. Dit beteken dat nie net die fisieke liggaam nie, maar ook die verstandelike en geestelike aspekte in ag geneem behoort te word.

Sekere riglyne vir holistiese geneeskunde wat deur dr. James Gordon opgestel is, is die volgende:
- Holistiese geneeskunde neem die hele mens – fisiek, geestelik en verstandelik – In ag.
- Holistiese geneeskunde beklemtoon elke individu se verantwoordelikheid vir sy eie gesondheid.

- Elke persoon se genetiese, biologiese en psigiese uniekheid word in ag geneem.
- Holistiese geneeskunde sien gesondheid in 'n positiewe lig, nie as afwesigheid van siekte nie.
- Holistiese geneeskunde lê die klem op voorkoming van siekte en die bevordering van gesondheid.
- In holistiese geneeskunde is kwaliteit van lewe die hoofsaak.

Homeostase – volkome balans

Op alle terreine van die natuurlike geneeskunde word veral klem gelê op die vermoë van die liggaam om self te genees, en aromaterapie is geen uitsondering nie. 'n Gesonde gees en 'n gesonde liggaam gaan hand aan hand, en die een kan nie sonder die ander volkome balans bereik nie.

Die hele natuur streef altyd na 'n toestand van volmaakte balans – 'n proses wat **homeostase** genoem word. 'n Natuurlike olie dien as katalisator wat die proses aan die gang sit en help die liggaam om hierdie perfekte toestand te bereik. Aromatiese olies balanseer, en bring toestande terug na normaal. Sintetiese chemiese geneesmiddels het die nadeel dat dit dikwels simptomaties aangewend word en vele newe-effekte het wat die liggaam se balans nog verder versteur. Aromatiese olies werk saam met die liggaam met een doel voor oë – homeostase.

Individuele behandeling

Omdat elke mens 'n individu is, en elkeen se liggaam uitsonderlike inherente swakhede en probleme het, word 'n vermenging van olies spesifiek vir die individu gedoen. Elke vermenging moet dus pertinent vir elke afsonderlike persoon gedoen word.

Die groot getal diverse komponente en spoorelemente in aromatiese olies het die wonderlike gawe om spesifiek na 'n probleemarea in die liggaam te gaan en daar te versamel ten einde 'n ongewenste toestand op te klaar. So word roosmarynolie geabsorbeer en beweeg dit deur die liggaam na die lewer om daar die nodige heilsame werk te verrig en balans teweeg te bring, terwyl jenewer- en sipresolie 'n affiniteit vir die niere het. Hierdie verskynsel is bewys deur laboratoriumdiertjies te behandel met aromatiese olies waarby 'n kleurstof gevoeg is. Wanneer 'n disseksie na 'n tydperk gedoen is, is gevind dat die olies in sekere teikenareas versamel het, in ooreenstemming met die eienskappe wat deur die eeue aan die spesifieke olie toegedig is.

Absorpsie deur die menslike liggaam

Een van die groot geheimenisse van die werking van aromatiese olies is die feit dat hulle vinnig en totaal deur die vel van die menslike liggaam geabsorbeer word. René Gattefosse het in die twintigerjare vasgestel dat die vel olierige stowwe met 'n klein molekulêre struktuur kan absorbeer. Navorsing deur die Mediese Instituut van die Universiteit van München het bewys dat molekules van 'n bad water met dennenaaldolie daarin honderd maal meer effektief deur die vel geabsorbeer is as dié van water alleen. Die verklaring hiervoor lê daarin dat dit inherent aan aromatiese olies is om met vetmolekules te verbind. Die menslike vel bevat baie vetkliere wat 'n olierige afskeiding – sebum of talg – het. Hierdie vette trek die molekules van die aromatiese olies aan en hulle word geredelik deur die vel geabsorbeer te danke daaraan dat hulle so klein is.

Die mikroklein oliemolekules word waarskynlik opgeneem deur die openinkies van sweetgaatjies en haarsakkies, omdat hier 'n afskeiding van die olie-agtige vloeistof, talg, voorkom. Hierna word dit deur middel van diffusie deur die liggaamsvloeistowwe en fyn kappilêre bloedvaatjies gevoer totdat dit uiteindelik die bloedstroom bereik of deur die limf meegevoer word. Hierdie doeltreffende absorpsie van aromatiese olies is die hoofrede waarom die olies sulke uitstekende resultate lewer wanneer dit gebruik word tydens velsorg. Indien die vel gesond is, vind absorpsie binne sekondes plaas, maar indien baie vetselle onder die vel voorkom, sal dit langer neem.

❀ Aromatiese olies is hoofsaaklik op die volgende wyses aktief:
- Hulle het 'n direkte allopatiese werking, waar hulle die simptome aanspreek.
- Hulle het 'n meer indirekte werking soos in die geval van homeopatie.
- Hulle het 'n effek op die geestestoestand en emosies.
- Hulle dien as voorkomende middels op die volgende maniere:
  - hulle stimuleer immuniteit in die liggaam
  - hulle voorkom die opbou van toksiese afvalprodukte
  - hulle werk die nadelige effekte van stres teen.

5 Die reuksintuig

Die reuksintuig is allerbelangrik wanneer die werking van aromatiese olies bestudeer word. Van al die sintuie kom die reuksintuig die naaste aan die limbiese area van die brein voor, wat die emosionele sentrum van die brein is en honger, dors en seksdrange beheer. Prikkeling van die reuksintuig het dus 'n effek op die emosies. Dit is ook geleë naby die hippokampus, wat verantwoordelik is vir geheue, dus bestaan daar 'n noue verband tussen die reuksintuig en die geheue. Herinneringe wat deur die reuksintuig opgeroep word, is gewoonlik baie akkuraat en presies. Hierdie verskynsel is deur die Franse sielkundige, André Virel, gebruik om verlore herinneringe van pasiënte weer op te diep.

Die neus is dus 'n manier waarop die brein direk bereik kan word. Om hierdie rede word inaseming van die olies as die effektiefste manier van opname deur die liggaam beskou – die brein word direk bereik, en reageer onmiddellik op die olies.

Hoe opname deur die reuksintuig werk

Teen die dak van elke neusholte kom daar 'n kolletjie olfaktoriese slymvlies voor. Hierin is die senuweesellle wat verantwoordelik is vir die opneem van reukimpulse geleë. Die olfaktoriese slymvlies bestaan uit epiteelselle wat mukus (slym) afskei, waarin geurmolekules opgelos word voordat dit ingeasem word, aangesien 'n geur slegs geruik kan word wanneer dit vloeibaar is.

Direk onder die laag epiteelselle kom die olfaktoriese selle voor. 'n Olfaktoriese sel bestaan uit 'n groot, sfeervormige selkern omring deur protoplasma, met twee verlengings:

- Die een steek deur die epiteelselle as 'n klein, haaragtige verlenging. Hierdie haartjies (silia) kom in aanraking met die geurmolekule en veroorsaak die prikkeling wat na die brein gevoer word.
- Die ander verlenging gaan na binne en is in verbinding met een van die filamente van die olfaktoriese senuwee.

Die olfaktoriese senuwee dring deur klein gaatjies in die etmoïedbeen en lei na die *bulbus olfactorius,* van waar dit na die punt van die temporale lob van die brein gaan, genoem die *uncus,* waar die sensasie van reuk geïnterpreteer word.

Die reuksintuig is baie sensitief – om die waarheid te sê, geurstowwe kan geruik word in 'n verhouding van een deel geurstof tot 10 000 biljoen of meer. Normaalweg kan die mens ongeveer 4 000 verskillende geure onderskei – 'n persoon met 'n baie sensitiewe reukorgaan tot 10 000 verskillende geure!

Wetenskaplikes het bewys dat verlies van die reuksintuig depressie tot gevolg het. Saam met reuk gaan ook die sensasie van smaak verlore. Dit is nie werklik 'n verlies van die smaaksintuig nie, maar omdat die reuksintuig duisende kere meer sensitief is as smaak en dus die grootste bydrae lewer tot die smaaksensasie, word dit ervaar as smaakverlies.

Die bekoring van aromatiese olies lê derhalwe tot 'n groot mate in die suiwer estetiese en behaaglike genieting van die heerlike geure van die natuur, en die onbetwisbare opheffende reaksie wat dit in die menslike brein teweeg bring. Die diepste depressie en swartgalligheid kan deur 'n paar druppels aromatiese olie verdryf word!

27

6 Aromaterapie vir skoonheid en velsorg

Aromatiese olies kan met die wonderlikste resultate in skoonheidsorg gebruik word. Die geskiedkundige oorsig in Hoofstuk 2 het getoon dat plantolies sedert die vroegste tye vir skoonheid aangewend is.

Madame Marguerite Maury het 'n diepgaande studie gemaak van die uitwerking van aromatiese olies op die gebied van skoonheidsorg, en deurgaans uitstekende resultate verkry. Nie eers die duurste preparasies wat in die handel beskikbaar is, kan kers vashou vir die suiwerheid van aromatiese olies nie.

- Aromaterapeute glo dat aromatiese olies so doeltreffend vir oud en jonk is dat hulle nie weer sal oorweeg om ander produkte aan te wend nie. Uitgebreide gevallestudies dien as bewys dat geen ander middels soveel kan bied as aromatiese olies nie.

- Aromatiese olies moet egter streng volgens **voorskrif** gebruik word, aangesien die vel 'n delikate orgaan is en irritasie maklik kan voorkom as gevolg van sterk konsentrasies olie.

- **Geen** aromatiese olie mag ooit direk aan die gesig gewend word nie, veral nie aan die area om die oë nie. Selfs laventelolie en teeboomolie wat onder ander omstandighede direk aangewend mag word, moet verdun word vir aanwending aan die gesig.

- Wanneer aromatiese olies vir velsorg aangewend word, moet asseblief gelet word op die **waarskuwings** wat in die beskrywings van die afsonderlike olies voorkom (Afdeling B). Daar is altyd veilige alternatiewe aromatiese olies om aan te wend, veral gedurende swangerskap.

Aanwending

Vir gebruik aan die gesig moet aromatiese olies verdun word in 'n basis om velirritasie te voorkom.

Vir 'n sensitiewe vel moet die verdunning 0,5 % wees. In die geval van ander veltipes word aangeraai om ook met 0,5 %-verdunning te begin, en indien geen negatiewe reaksie verkry word nie, kan die verhouding van aromatiese olie tot basisolie tot 1 % vermeerder word. (Basisolies word in Hoofstuk 10 bespreek.) Moet **nooit** 'n sterker konsentrasie aromatiese olie op die gesig gebruik nie. Dit mag nie net sensitiwiteit veroorsaak nie, maar is ook 'n vermorsing van die kosbare, duur olie. Die vel sal nie beter reageer op meer aromatiese olie nie.

Tabel 6.1 gee 'n aanduiding van die veilige vermenging van olies vir 'n sensitiewe vel (gesig).

Tabel 6.1 Veilige verhoudings van olies vir 'n sensitiewe vel

Basisolie	Aromatiese olie
10 mℓ	1 druppel
20 mℓ	2 druppels
30 mℓ	3 druppels
50 mℓ	5 druppels
100 mℓ	10 druppels

Indien vasgestel is dat die gesigvel nie so sensitief is nie, mag olies vermeng word volgens die verhoudings soos aangedui in Tabel 6.2.

Tabel 6.2 Veilige verhoudings van olies vir 'n normale vel

Basisolie	Aromatiese olie
5 mℓ	1 druppel
10 mℓ	2 druppels
20 mℓ	4 druppels
30 mℓ	6 druppels
50 mℓ	10 druppels
100 mℓ	20 druppels

* Dit is nie raadsaam om meer as vier (op die uiterste vyf) verskillende aromatiese olies in 'n mengsel vir velsorg te gebruik nie. Onthou ook dat die totale aantal druppels aromatiese olie nie die voorskrifte moet oorskry nie.

- Onthou om vermengde rome in ondeursigtige houers te bewaar sodat die aktiewe bestanddele van die olies nie vernietig word nie.

Basiese werking van olies op die vel

Die vel en hare reflekteer die algemene gesondheid van die liggaam. Dieet, lewenswyse en uitwendige faktore soos die son, wind en omgewingsbesoedeling kan die vel beskadig en verouder. Al hierdie aspekte belemmer normale selfunksies en selprosesse soos suiwering, afskilfering van dooie selle en uitskeiding van afvalstowwe. As gevolg hiervan word die vorming van nuwe selle vertraag, en ander selprosesse mag heeltemal tot stilstand kom. Hierdie toestande veroorsaak vroeë veroudering, en plooie begin verskyn.

Deur aromatiese olies op die korrekte manier in 'n velsorgprogram in te sluit, word selprosesse gestimuleer en verjonging vind plaas. Die aromatiese olies en neutolies wat as basisolies gebruik word, beskerm ook die vel teen enige verdere beskadiging deur eksterne faktore, en dien as versagmiddels wat die vel streel en versag. Aangesien die olies in hul suiwer vorm gebruik word, vind absorpsie onmiddellik en volkome plaas.

Die gebruik van vitamine A in velsorg word al hoe meer algemeen. Talle velprodukte word geformuleer om velskade te herstel, veral as gevolg van blootstelling aan die son. Die goeie nuus is dat vitamine A natuurlik voorkom in die neut- en saadolies wat as basisolies gebruik word, asook in wortelolie, wat betakaroteen, die voorloper van vitamine A, bevat. Wortelolie verskaf dus kragtige teenverouderingsfaktore, tesame met natuurlike beskerming teen die son.

- 'n Velsorgroom wat sesamolie, jojoba-olie en wortelolie bevat, verskaf 'n sonbeskermingsfaktor van 4.
- Betakaroteen word deur alternatiewe sowel as ortodokse medisyne beskou as 'n belangrike teenvoeter vir kanker.

Die vel

Om werklik te verstaan in hoe 'n groot mate die gebruik van aromatiese olies die vel kan bevoordeel, moet indringend gekyk word na die vel en die verskillende lae daarvan. Hoewel die vel 'n skynbaar ongekompliseerde deel van die liggaam is, is dit in werklikheid 'n komplekse sisteem.

Samestelling

Die vel is die grootste orgaan in die liggaam. Indien dit uitgesprei sou kon word, sou dit 'n oppervlak van ongeveer 2 m² bedek. Dit weeg ongeveer 2,5 kg tot 4,5 kg in 'n volwassene.

Die vel beskerm die liggaam teen besering, infeksie en bestraling deur die son. Dit bevat vetkliere wat talg afskei. Laasgenoemde is 'n olierige stof wat die vel soepel en die hare gesond en blink hou. Die vel bevat ook sweetkliertjies wat die liggaamstemperatuur reguleer en soute en ander afvalstowwe uitskei.

Lae van die vel

Die dikte van die vel verskil – dit is uiters dun oor die ooglede, maar dik op die handpalms en voetsole. Die epidermis of buitenste vellaag is ongeveer 0,1 mm dik. Die dermis daaronder is ongeveer vier keer dikker.

'n Dwarssnit van die vel wys 3 hooflae, naamlik die epidermis, die dermis en die ondervelse vetlaag.

Die **epidermis,** wat uit ongeveer 20 sellae bestaan, is voortdurend besig met 'n proses van selvernuwing. Die nuwe selle word gevorm in die basale lae van die vel en beweeg stelselmatig na buite soos die ouer selle afgewerp word. Terwyl die selle na die buitenste lae beweeg, word hulle algaande platter, verloor vog en word droër. Die heel buitenste laag van die epidermis bestaan uit

31

selle in hul laaste stadium, gereed om af te skilfer. Hulle vorm keratien, die-selfde stof waaruit naels en hare bestaan. Hierdie laag gooi gedurig dooie selle af in die vorm van klein skilfertjies – 'n proses wat *eksfoliasie* genoem word. Wanneer hierdie dooie selle verwyder word deur die vel te skrop of borsel, word die hele proses bespoedig en die vel sien varser en jonger daar uit.

Die pigment wat velkleur bepaal, word in die diepste lae van die epidermis gevind. Die epidermis bevat geen haarvate nie, maar limfatiese vloeistof sir-kuleer in die tussenselruimtes om die vel te suiwer en te voed.

Die dieper laag, die **dermis,** bevat:

- ekkriene sweetkliertjies, verantwoordelik vir die regulering van liggaamstem-peratuur
- vetkliere, wat talg ('n olierige stof) afskei om die vel soepel en die hare gesond te hou
- apokriene sweetkliertjies, wat liggaamsreuk verskaf
- haarsakkies, wat deur die epidermis na die veloppervlak gaan
- haarvate, wat suurstof en voedingstowwe na die vel bring – voedingstowwe word deur middel van diffusie deur die limfatiese vloeistof in die tussensel-ruimtes na die laer gedeeltes van die dermis gevoer
- senuwee-eindpunte

Die dermis verskaf stewigheid en ondersteuning aan die vel. Dit bevat bind-weefsel wat aan die vel soepelheid, elastisiteit, stewigheid en rekbaarheid ver-leen. Kollageen, die hoofkomponent van die dermis, is 'n veselrige proteïen en vorm een van die sterkste stowwe in die menslike liggaam. Die stewigheid van die vel hang dus af van die toestand van die kollageen. Die ander komponent van die bindweefsel is elastien, ook 'n proteïen, wat elastisiteit en rekbaarheid aan die vel verleen.

Die dermis bestaan ook weer uit twee verskillende lae. Die papillêre laag, wat die boonste dermislaag vorm, bevat die bloedvate, senuwee-eindpunte, haar-sakkies, vetkliere en sweetkliere. Die retikulêre laag bestaan uit die kollageen en elastien. Hierdie laag strek tot teenaan die **ondervelse vetlaag,** wat streng gesproke nie deel uitmaak van die vel nie. Die liggaamstruktuur word beskerm deur die bindweefsel en die vet van die ondervelse laag.

Funksies van die vel

Een van die hooffunksies van die vel is die uitskeiding van afvalstowwe deur die sweetkliertjies. Water en soute, hoofsaaklik natriumchloried, word uitgeskei deur die klein porieë van die sweetkliere op die oppervlak van die vel.

Die vel beskerm die liggaam teen bakterieë en virusse. Beskermende bak-terieë kom uit die dieper lae in die liggaam na die veloppervlak waar hulle as beskerming dien teen skadelike bakterieë. 'n Sagte seep en water sal die vel reinig van skadelike bakterieë, maar 'n seep wat te skerp is, stroop die vel van die beskermende bakterieë en lê dit bloot vir infeksie. Ultravioletlig, brand-wonde op die vel en sterk afskilferingsbehandelings laat die vel ook onbe-skermd. Die natuurlike verdedigingsmeganismes van die vel kan versterk word deur die daaglikse gebruik van aromatiese olies, aangesien hulle sterk antibak-teriese en antivirale eienskappe het.

'n Verdere verdedigingsmeganisme van die vel is die suurmantel wat die vel beskerm teen bakterieë en ander organismes, en allergiese reaksies en velirri-tasie bekamp. Die pH of suurgehalte van die menslike vel is nagenoeg 6,5. 'n Versteuring van hierdie beskermende suurmantel kan teweeggebring word deur die gebruik van sterk skoonheidsmiddels, skroprome en maskers wat nie aan-gepas is tot 'n pH-vlak van 6,5 nie. Die vel word op hierdie manier oopgestel vir infeksie, en puisies en aknee maak hulle verskyning. Daar word aanbeveel dat veral tieners die gebruik van oormatige sterk middels moet vermy, en eerder na die formules in hierdie boek, gebaseer op natuurlike aromatiese olies, oor-skakel vir 'n vlekkelose vel. Aangesien die aromatiese olies doelgerig is om ba-lans in die liggaam en op die veloppervlakte te normaliseer, word die perfekte beskermende suurbalans van die vel verseker en ontsierende veltoestande so-doende verhoed.

❀ Aangesien dit ongeveer vier maande neem vir selle om van die basale lae na die oppervlak van die vel te beweeg, kan aanvaar word dat dít is hoe lank dit sal neem vir 'n nuwe velsorgprogram om resultate te toon. Die gebruik van aromatiese olies op die vel toon egter 'n verbetering binne slegs enkele dae, en ná ses weke van gebruik is die verskil reeds bykans ongelooflik.

Tien goeie redes vir die gebruik van aromatiese olies in die velsorgprogram

1. Aromatiese olies versnel die produksie van nuwe selle. Die tydsverloop tussen die vorming van nuwe selle en die afwerping van ou selle word verkort, wat meebring dat selle hul lewens-kragtigheid behou totdat hulle die oppervlak bereik. As gevolg van die vinnige produksie van nuwe selle en die jong, sterk selle wat gevolglik in die vel voorkom, is die vel sterker en fermer.

2. Aromatiese olies verhoed die ophoping van gifstowwe in die vel. Verstoppende afvalstowwe word vinniger verwyder vanweë die verhoogde limfaktiwiteit in die tussenselruimtes as gevolg van die werking van die aromatiese olies.

3. Bloedsirkulasie na die haarvate word verhoog, met die gevolg dat meer lewegewende suurstof die selle van die vel bereik. Die voorsiening van voedingstowwe na die vel word ook verhoog weens die verbetering in bloedsirkulasie.

4. Aromatiese olies balanseer die talgproduksie van die vetkliere en stabiliseer so die veltoestand.

5. Aromatiese olies neutraliseer skadelike bakterieë op die vel en voorkom die vorming van puisies. Die olies het antibakteriese, antivirale en swamwerende eienskappe en verskaf die beste natuurlike beskerming moontlik. Die natuurlike weerstand van die vel teen infeksies word dus verhoog.

6. Aromatiese olies normaliseer die suurbalans van die vel, is teen-inflammatories en streel sensitiewe vel.

7. Die kollageen en elastien van die bindweefsel word herstel en versterk deur die vitamines, minerale, proteïene en ander voedingstowwe wat in die aromatiese olies en saad- en neutolies voorkom.

8. Die vel het die vermoë om klein hoeveelhede olie te absorbeer, soos in Hoofstuk 4 beskryf is. Die talg van die vetkliere trek die molekules van die aromatiese olies aan en absorpsie is onmiddellik en absoluut.

9. Talle aromatiese olies is adaptogene, wat beteken dat hul uiteindelike doelwit perfekte balans is. So kan dieselfde aromatiese olie vir 'n olierige sowel as 'n droë vel gebruik word, aangesien die olie bloot die onwenslike toestand opklaar. Voorbeelde hiervan is roosmaryn- en laventelolie.

10. Aangesien aromatiese olies die natuurlike afskilferingsproses van ou selle verhaas, is dit onnodig om potensieel skadelike skroprome of gesigmaskers op die delikate vel van die gesig te gebruik.

7 Metodes van olie-onttrekking

Die heel vroegste maniere van onttrekking, soos in Hoofstuk 2 beskryf, vorm steeds die basis van niechemiese metodes van onttrekking. Aangesien die terapeutiese waarde van aromatiese olies afneem in verhouding met die fisiese en chemiese prosesse waaraan die oorspronklike plantmateriaal onderwerp word, lewer die meer natuurlike metodes 'n beter graad olie.

Onttrekking deur middel van vette

Hierdie eeue-oue beproefde metode berus op die aantrekking wat vette inhou vir aromatiese olies. Plantmateriaal word in 'n glashouer met plantaardige olies geplaas en in direkte sonlig gelaat vir ongeveer twee weke, waarna die plantdeeltjies uitgesyfer word en vars plantmateriaal bygevoeg word. Hierdie proses word herhaal totdat die plantekstrak sterk genoeg is.

❁ Slegs plantmateriaal van onbetwiste herkoms moet vir tuisonttrekking gebruik word.

Enfleurage

Enfleurage berus ook op die affiniteit wat tussen aromatiese olies en vette bestaan. Vette moet spesiaal voorberei word, en suiwer en reukloos wees. Dit moet ook nie galsterig wees nie.

'n Lap deurdrenk met vet of olie of 'n glasplaat gesmeer met vet word in 'n raam geplaas en bloeisels word daarop gepak. Die rame word dan in 'n koel, donker kamer gelaat. Die blomme word elke dag vervang omdat dit ongeveer 24 uur neem om al die olies af te skei. Die raam word omgekeer sodat die verlepte blomme afval en 'n nuwe laag vars blomme word op dieselfde vetlaag gepak. Hierdie proses word herhaal totdat die gewenste konsentrasie bereik is, wat tot 70 dae kan duur.

Die vet, wat teen hierdie tyd deurtrek is met die aromatiese olie, word 'n *pommade* genoem. Die pommade word in alkohol geplaas en omgeroer sodat die aromatiese olies in die alkohol oplos. Nadat die alkohol verdamp het, bly die aromatiese olie agter.

> ❀ Hoewel enfleurage grotendeels 'n verouderde metode is, word jasmynolie op hierdie manier berei omdat jasmynolie se geur deur die hitte van die stoomdistilleringsproses vernietig word. Die arbeidsintensiwiteit van dié metode verklaar waarom hierdie olie so duur is.

Vetdeurweking

Ook hierdie verouderde metode is gebaseer op die affiniteit van aromatiese oliemolekules vir vette. Plante wat nie aromatiese olies genereer ná die pluk van die plantmateriaal nie, word in warm vet geplaas. Die warm vet penetreer die plantselle en absorbeer die aromatiese olies. Die blomme word tot 15 keer verwyder en deur vars plantmateriaal vervang. Die eindproduk is weereens 'n pommade wat met alkohol vermeng word om die aromatiese olies te absorbeer. Na verdamping van die alkohol word die aromatiese olies agtergelaat.

Kouedrukproses

Sitrusolie word byvoorbeeld op hierdie manier onttrek, wanneer olie direk uit die skil gepers word. Die olies word in 'n spons uitgedruk totdat die spons deurweek is met olie. Die aromatiese olie word dan uit die spons gepers. Vroeër het geoefende werkers die proses met die hand uitgevoer, maar namate ontwikkeling plaasgevind het, is die mens tot 'n groot mate deur meganiese toerusting vervang. Deesdae word meestal masjiene gebruik vir hierdie onttrekkingsproses.

> ❀ Deur 'n stukkie lemoenskil tussen die vingers te pers, word die lemoenolie sigbaar vrygestel. Dit is ook moontlik om die olie te sien brand wanneer die skil naby 'n kersvlam gepers word.

Onttrekking deur middel van oplosmiddels

Onttrekking deur middel van oplosmiddels word gebruik vir die vrystelling van aromatiese olie uit blomme, gom en hars.

Die plantdele word in 'n chemiese oplosmiddel geplaas – gewoonlik alkohol, bensien, eter of 'n ander byproduk van petroleum in die geval van blomme, en asetoon in die geval van gom en hars. Die mengsel word stadig verhit en die oplosmiddel onttrek die aromatiese olies. Nadat die alkohol verdamp het, bly die aromatiese olie agter. In die geval van gom en hars bly 'n donkerkleurige pasta na filtrering agter. Die pasta word met alkohol vermeng om die aromatiese olies te absorbeer, en na verdamping van die alkohol bly harpuisolie agter.

✿ Hierdie moderne tegniek lewer 'n groter olieopbrengs, maar het die nadeel dat spore van die oplosmiddel in die eindproduk agtergelaat word, wat hierdie olies dus ongeskik vir terapeutiese gebruik maak. Die onsuiwerhede sal heel waarskynlik saam met die olie geabsorbeer word en kan 'n nadelige uitwerking op die liggaam hê. Wat hierdie chemiese proses verder betref, moet ook in aanmerking geneem word dat ongewenste elemente in die atmosfeer vrygestel word en die hele planeet skade aandoen.

Stoomdistillasie

Vanaf die vroegste tye is dié distillasieproses die effektiefste manier om olie uit plantmateriaal te onttrek.

Stoomdistillasietoestelle is aan die begin van die 20ste eeu volop in die Franse landelike gebiede aangetref. Hierdie apparate het gewoonlik 'n tenk met 'n kapasiteit van ongeveer 230 ℓ gehad. Hoewel minder toestelle nou in dié gebiede aangetref word, wil dit blyk dat ten minste een so 'n distillasietenk per dorp steeds bestaan.

Die moderne tenks het 'n groter kapasiteit en dit is heel moontlik om tot 6 tenks van 3 450 ℓ elk op een plek aan te tref. Die grootte van die tenks verskil afhangende van die tipe en hoeveelheid olie wat geproduseer word.

✿ • Die grootste distilleeraanlegte ter wêreld word gevind in die Franse dorp Grasse en in Long Melford in Engeland.
• Die Franse platteland lewer hoofsaaklik laventel-, lavandin-, sipres- en hisopolie.

Die apparaat wat vir stoomdistillasie gebruik word, bestaan uit 'n groot tenk waarin die plantmateriaal geplaas word. Stoom word van onder deur die plante gevoer, die olies word deur die hitte vrygestel en styg saam met die stoom na bo. 'n Afvoerpyp lei hierdie stoom na 'n induksiepyp wat verkoel word en die stoom laat kondenseer. Die water wat so ontstaan, word nou gelei na 'n Florentynse vaas waar die skeiding plaasvind.

Vir die distillering van klein hoeveelhede olie word 'n kleiner stelsel gebruik wat bestaan uit 'n fles met water wat deur 'n bunsenbrander verhit word. 'n

Afvoerpyp lei die stoom uit die fles na 'n tweede fles waarin die plantmateriaal vir distillering geplaas is. Die stoom laat aromatiese olies vry en die kombinasie van aromatiese olies en stoom word deur nog 'n afvoerpyp gelei, wat verkoel word om die stoom te laat kondenseer. Die vloeistof wat só ontstaan, word gevoer na 'n Florentynse vaas waarin die vloeistowwe lae vorm en waar die aromatiese olies van die water geskei word. Die meeste aromatiese olies is minder dig as water en sal bo-op dryf, terwyl digter olies (soos naeltjieolie) na onder afsak.

Vakuumdistillasie

Hierdie nuwe metode van distillasie lewer ook suiwer olies op aangesien geen chemiese middels gebruik word nie. Plantmateriaal word in 'n verseëlde kompartement geplaas, die druk binne die silinder word verlaag en 'n vakuum word geskep waardeur die olies uit die plantmateriaal onttrek word.

Koolsuurgasonttrekking

Koolsuurgasonttrekking van olies is die modernste metode, maar dié proses is baie duur. Suiwer olies word gelewer omdat die aromatiese olies nie met chemiese middels in aanraking kom nie. Die proses is nog in die ontwikkelingsfase en dit is nog nie duidelik of dit omgewingsbesoedeling tot gevolg het nie.

Tuisonttrekking deur middel van 'n drukkoker

Indien 'n voorraad plantmateriaal beskikbaar is wat nie besoedel is deur chemiese middels nie en organies gekweek is, kan aromatiese olies en blomwaters tuis vervaardig word.

Die belangrikste apparaat wat nodig is, is 'n drukkoker. Water word onderin die drukkoker getap, en die plantmateriaal bo die watervlak op 'n rakkie geplaas. Die gewone stoomklep word verwyder en in die plek daarvan word 'n plastiekpyp aan die stoomuitlaat geheg. Hierdie pyp word deur water met ys gelei, en in 'n steriele bottel geplaas. Die mengsel van olies en stoom beweeg deur die pyp en kondenseer in die gedeelte van die pyp wat deur die yswater gaan. Die aromatiese olie en water sal vanself skei – die olie is meestal minder dig – en moet so gou moontlik in ondeursigtige, digte bottels geberg word. Die aromatiese water kan as veltonikum of naskeermiddel aangewend word.

8 Aanwendingmetodes

Parfuum

Parfuum is die gebruik van aromatiese olies om suiwer estetiese redes. Die terapeutiese eienskappe van die olies dra waarskynlik meer tot die waardering van 'n spesifieke parfuum by as wat besef word. So kan kuskusolie, wat dikwels as basisnoot in 'n parfuum gebruik word, mens se psige beskerm teen depressiewe of veeleisende persone. Die moontlikhede is onbeperk wanneer 'n gekwalifiseerde aromaterapeut parfuums vermeng.

❀ 'n Parfuum het altyd topnote, middelnote en basisnote:

- Die topnoot word gevorm deur vinnig bewegende aromatiese olies. Die oliemolekules verdamp dadelik en vorm die eerste indruk of gewaarwording van 'n parfuum.

- 'n Middelnoot is nie so vlugtig nie. Dit gee volheid en geur aan die parfuum.

- Die basisnote word gevorm deur aromatiese olies wat stadig bewegende molekules het. Hierdie olies bly lank behoue en anker dus die geur van die parfuum. Dit vorm die geur wat agterbly en onthou word.

Diffusie

Diffusie is sonder twyfel die doeltreffendste manier om aromatiese olies aan te wend, aangesien die olies deur die neus direk kontak met die brein het.

Die diffusie-apparaat wat die aromatiese olies vrystel sonder rook en sonder om die basiese eienskappe en karakter van die olies aan te tas, kom oorspronklik uit Europa. Dié apparaat verander die olies in 'n fyn mis, en stel dit vry in die vorm van mikromolekules wat vir ure lank in die lug bly hang.

'n Ringetjie van absorberende erdewerk wat om 'n gloeilamp pas, is ook beskikbaar. Dit stel aromatiese olie wat daarop gedrup is, stadig en oor 'n lang tydperk vry. Die aromatiese olie moet om veiligheidsredes nie direk op 'n warm gloeilamp gedrup word nie. Nog 'n apparaat is 'n geurbrander, saamgestel uit 'n houertjie waarin water en/of aromatiese olies geplaas kan word bo-oor 'n kersvlam. Die olies word saam met stoom vrygestel.

❀ Diffusie is veral van groot waarde in die behandeling van **respirato-riese toestande** en veral die **longe**. Toestande soos asma, brongi-tis, verkoue, sinusontsteking, laringitis en keelseer vind baat by hierdie terapie, asook die **bloedsomloop** en **senuweestelsel.** Die **geestestoestand** van die mens word ook beïnvloed wanneer die estetiese waarde van die olies na vore kom tydens inaseming van die welriekende geure.

Aromatiese baddens

Omdat aromatiese olies maklik deur die vel geabsorbeer word, kan hulle ook by badwater gevoeg word. Dit is egter noodsaaklik om aromatiese olies vir die bad te verdun – voeg 3 druppels aromatiese olie by 1 teelepel plantaardige olie. Druiwesaadolie is uitstekend vir hierdie doel. Hierdie mengsel word in die water gedrup net voor die bad geneem word om te verhoed dat die olies ver-damp.

❀ Sommige olies kan velirritasie veroorsaak en word só in die waarskuwingslys in Afdeling B aangedui. Hierdie olies moet onder geen omstandighede in die bad gebruik word nie.

Die basisolie help ook die aromatiese olie om die liggaam oral te bereik, en sag en geurig te laat. 'n Alternatiewe metode vir persone wat graag stort, is om die aanbevole konsentrasie aromatiese olies by 'n vloeibare seep of stortjel te voeg. Nie alleen word die aromatiese olies deur die vel geabsorbeer nie, maar dit word ook deur inaseming in die liggaam opgeneem vir uitstekende resultate.

Massering

Massering van die liggaam met aromatiese olies word dikwels as terapie aanbeveel. Dié behandeling konsentreer op spierweefsel en het 'n direkte uitwerking op die liggaam. Massering stimuleer die bloedsomloop, verlig spierpyn en swelling, verlig pyn in die gewrigte en verminder die uitwerking van stres op die liggaam.

'n Konsentrasie van 3 druppels aromatiese olie word by 5 ml basisolie gevoeg. Hoewel dit beter is om 'n olie te vermeng direk voor gebruik, kan groter hoeveelhede olie ook vermeng word. Gebruik Tabel 8.1 as riglyn.

Tabel 8.1 Verhoudings vir groter hoeveelhede olie

Plantaardige basis	Aromatiese olie
5 ml	3 druppels
10 ml	6 druppels
20 ml	12 druppels
30 ml	18 druppels
50 ml	30 druppels
100 ml	60 druppels

❀ Meer as een olie mag vermeng word, maar die totale aantal druppels moenie die aanbevelings in Tabel 8.1 oorskry nie. Aromatiese olies wat met 'n basis vermeng is, het 'n kort rakleeftyd – ongeveer 3 maande. Dit is dus raadsaam om net genoeg voor te berei vir onmiddellike gebruik.

A: Algemeen

Massering moet altyd uitgevoer word in ooreenstemming met die sirkulasie-vloei in die liggaam, derhalwe moet alle beweging *na* die hart uitgevoer word. Die voet word van die tone na die hak gemasseer, en die bene van die enkels na bo. Enige areas met spatare moet vermy word. Die rug word van die lumbale gedeelte opwaarts gemasseer na die skouers. Laat die hande oor die skouers gly en beweeg dan langs die sye af. Dit is belangrik om nie oor die rug-werwels self te masseer nie. Arms word van die hand na die skouer gemasseer, terwyl die benerige gedeeltes vermy word. Masseer die skouers met sirkelbe-wegings.

Wanneer massering op kinders, bejaardes en invalides uitgevoer word, moet die bewegings sagkens en met die nodige sorg gedoen word. Massering met aromatiese olies kan vóór of ná 'n bad geskied, maar die voordeel van 'n bad wat op massering volg, is dat die hitte die absorpsie van die olies sal verbeter.

Massering word afgeraai indien die volgende toestande voorkom:

- Spesifieke veltoestande soos ekseem of psoriase
- Ernstige besering of ernstige rugpyn
- Gedurende die eerste trimester van swangerskap
- Indien mediese behandeling ontvang word vir enige mediese of sielkundige toestand – raadpleeg die betrokke geneesheer
- 'n Ernstige siekte soos kanker of vigs, of na 'n groot operasie, byvoorbeeld 'n hartomleiding – raadpleeg die betrokke genees-heer
- 'n Onlangse fraktuur, spatare of inflammasie
- 'n Bloedklont of trombose
- Enige swelling of inflammasie

Babas geniet 'n sagte massering, en 'n rustelose baba sal spoedig kalmeer wan-neer 'n strelende massering uitgevoer word. Russiese moeders masseer byvoor-beeld gereeld hul babas om die ontwikkeling van die sentrale senuweestelsel te stimuleer.

Vir die massering van 'n baba word 1 druppel kamille- of laventelolie by 5 mℓ soetamandel gevoeg. Wend liggies aan en gaan soos volg te werk:

- Streel sagkens oor die arms, bene, rug en bors
- Gebruik sagte, vloeiende bewegings
- Behou gedurig kontak, moenie al twee hande gelyktydig lig nie
- Wanneer die buik masseer word, vermy die area om die naeltjie
- Maak seker dat die baba nie koud kry nie – verhit die kamer indien nodig
- Bestee ten minste 10 minute aan een massering

Massering met aromatiese olies lewer veral goeie resultate in die geval van 'n emosioneelverwante probleem, byvoorbeeld premenstruele spanning, slaaploosheid, depressie of stres.

Uitwendige aanwending

Aromatiese olies in verdunde vorm soos in Tabel 8.1 aanbeveel, kan liggies aan probleemareas gewend word. 'n Gewone uitwendige aanwending is eenvoudig en prakties vir selfhelp en doen geen afbreuk aan die absorpsie en werking van die aromatiese olies nie. Dit verlaag ook in geen opsig die terapeutiese waarde nie.

Stoominaseming

Die stoommetode bied ook goeie resultate aangesien die brein direk deur die aromatiese olies bereik word. 'n Plastiekskottel word ongeveer kwartvol met kokende of baie warm water gevul. Een tot drie druppels aromatiese olie word by die water gevoeg en die stoom word dan ingeasem. Na inaseming beweeg die aromatiese oliemolekules van die alveoli (lugsakkies) na die omliggende haarvate, van waar dit na groter bloedvate beweeg en deur die liggaam gesirkuleer word.

Inaseming

Aromatiese olies kan direk op 'n sakdoek of kussingsloop gedrup word om ingeasem te word. Die konsentrasie haarvate in die slymvlies van die neus is baie hoog en absorpsie deur die neus geskied dus vinnig. Maak egter seker dat die onverdunde olie nie met die vel in aanraking kom nie, aangesien velirritasie veroorsaak kan word. Een of twee druppels olie sal voldoende wees.

Warm en koue kompresse

Kompresse word gemaak deur 'n lap te doop in water waarby aromatiese olies gevoeg is. Dit word dan geplaas oor die area wat sorg vereis.

Die water kan warm of koud wees. **Koue** kompresse word gebruik vir hoofpyn, kneusings en verstuitings. **Warm** kompresse word gebruik vir swere, bloedvinte, blaasontsteking en menstruasiepyne.

Mondelinge inname

Hierdie metode mag slegs gebruik word onder toesig van 'n gekwalifiseerde terapeut. 'n Uitvoerige kennis van die eienskappe van olies is 'n voorvereiste, aangesien die olies in hoogs gekonsentreerde vorm toksies mag wees wanneer dit direk deur die mond ingeneem word.

Die aromatiese olie word in baie klein hoeveelhede in een van die volgende gedrup: tee, 'n lepelvol bruinsuiker, molasse of heuning. Een druppel olie per dosis is meer as voldoende.

Mondspoel- of gorrelmiddel

'n Mondspoel- of gorrelmiddel kan ook gemaak word deur 1 druppel aromatiese olie in 'n koppie louwarm water te drup. Die mengsel moenie ingesluk word nie.

Direkte aanwending

In noodgevalle kan aromatiese olies direk aangewend word aan die probleemarea, byvoorbeeld op 'n insekbyt, brandwond of kneusing. In al hierdie gevalle word laventel- of teeboomolie gebruik. Geen ander aromatiese olie is onder normale omstandighede geskik vir direkte aanwending nie.

Hand- en voetbaddens

Warm water waarby 2 tot 3 druppels aromatiese olie gevoeg is, kan tot groot voordeel van die hele liggaam as hand- en voetbad gebruik word. Berei die bad in 'n vlak skottel voor, en week die voete en hande vir ongeveer 20 minute daarin. Warm water kan bygevoeg word soos benodig om die temperatuur konstant te hou.

Sitbaddens

Hierdie metode is veral voordelig vir blaasontsteking en vaginale infeksies. 'n Bad word met louwarm water gevul tot 'n hoogte van ongeveer 15 cm of heuphoogte, en 2 tot 3 druppels olie word by die water gevoeg.

Setpille

Setpille word gewoonlik in die vagina of rektum geplaas. Die aromatiese olie reageer lokaal of word deur die bloedvate opgeneem en na ander areas gevoer.

Gelatien en gliserien kan soos volg gebruik word om setpille te maak: Week 5 mℓ gelatien in 20 mℓ koue water tot opgelos. Voeg 7,5 mℓ gliserien by en verhit stadig om vloeistof te laat verdamp totdat die oorblywende mengsel ferm is. Voeg 0,5 % aromatiese olies by, dit wil sê 3 druppels in totaal. Gooi in foelievorms wat vooraf gereed gemaak is. Die beste vorm is 'n sigaarvormige setpil van ongeveer 2,5 cm lank. Die voorbereide setpille kan in die yskas geberg word tot benodig.

Voedselgeurmiddels

Aromatiese olies kan in baie klein konsentrasies gebruik word om voedsel te geur. Voeg slegs 1 druppel aromatiese olie per dis by om gewone kos in eksotiese voedsel te omskep.

❀ Gebruik die volgende algemene riglyne by voedselgeursels:

- **Roomys**
  Gemmer, lemmetjie, lemoen, peperment, suurlemoen

- **Brood**
  Anys, dille, gemmer, kaneel, kardemom, komyn

- **Rooivleis**
  Basielkruid, gemmer, knoffel, marjolein, naeltjie, neutmuskaat, pietersielie, roosmaryn, salie, swartpeper, tiemie

- **Hoender**
  Anys, basielkruid, knoffel, komyn, lemoen, marjolein, pietersielie, suurlemoen, swartpeper, vinkel

- **Vis**
  Basielkruid, dille, knoffel, marjolein, pietersielie, sitroenkruid, suurlemoen, swartpeper, vinkel

- **Groente**
  Anys, basielkruid, dille, gemmer, kardemom, knoffel, koljander, neutmuskaat, peperment, pietersielie, suurlemoen, swartpeper, vinkel

- **Botter**
  Gemmer, kardemom, knoffel, koljander, pietersielie, roosmaryn, salie, suurlemoen, tiemie, vinkel

Skoonheidsorg

Kyk Hoofstuk 6 en Hoofstuk 14.

Borrelbad

Voeg 3 druppels aromatiese olie per persoon by die water.

Sauna

Gebruik 2 druppels aromatiese olie in 500 mℓ water. Meng dit vooraf en gooi dan oor die hittebron. Bloekom-, dennenaald- en teeboomolie is reinigende olies en uiters geskik vir gebruik in die sauna, aangesien dit deur asemhaling opgeneem word in die liggaam, en uitgeskei word deur sweet.

Kerse

Drup 1 tot 2 druppels aromatiese olie in die poeletjie warm was wat om die kerspit gevorm word. Moenie die olie direk in die kersvlam drup nie, aangesien dit kan ontvlam.

Lugbevogtiger *(Humidifier)*

Drup 3 tot 5 druppels olie in die oliehouertjie van 'n lugbevogtiger. Hierdie metode is veral effektief vir babas en kinders met kroep of ander lugweginfeksies. Gebruik bensoïne-harpuisolie, bloekomolie of teeboomolie.

Sproeibottel

Meng 10 druppels aromatiese olie per 50 mℓ water in 'n sproeibottel en gebruik as 'n lugverfrisser. Skud altyd deeglik voor gebruik.

Houtvure

Drup 1 druppel aromatiese olie met 'n houtagtige geur op elke houtblok, en laat dit intrek. Aromatiese olies soos dennenaald-, sandelhout-, seder- en sipresolie is geskik.

9 Aankoop van olies

Slegs hoogs suiwer olie moet vir terapeutiese gebruik aangekoop word. 'n Suiwer aromatiese olie gekoop by 'n gerespekteerde handelaar, kan vir jare stabiel bly. Maak dus seker dat aromatiese olies onverdun en gekonsentreerd is. Baie produkte wat te koop aangebied word, is vooraf vermeng, wat die rakleeftyd van die olie drasties verminder. Aangesien 'n mens geen idee kan hê van die datum van vermenging nie, moet sulke olies eerder vermy word – die olies mag ten tye van aankope reeds verslaan het.

Die prys van aromatiese olies wissel van goedkoop tot peperduur. Soetlemoenolie kos byvoorbeeld 'n breukdeel van die prys van jasmynolie. Laasgenoemde word deur die enfleurage-metode (kyk bl. 35) onttrek, en om slegs 1 kg jasmynolie te produseer, moet 8 miljoen jasmynblommetjies met die hand gepluk word in die enkele uur na sonsondergang, wanneer die konsentrasie van aromatiese olies in dié blomme die hoogste is.

- Sodra olies 'n eenvormige prys het, moet die koper gewaarsku wees dat die olies moontlik verdun of sinteties is, of 'n samestelling is van verskillende olies om 'n spesifieke geur te skep.
- Aromatiese olies word soms vervals, byvoorbeeld roosolie, wat met wildemalva aangevul word, of roosmaryn wat met kanferolie verdun word.

Olies wat te koop aangebied word, moet verseël wees as waarborg van hul suiwerheid. Aangesien die eienskappe van aromatiese olies maklik vernietig kan word deur skerp lig, moet hulle in amberkleurige of ondeursigtige glasbottels aangebied word. Die bottels moet van glas wees aangesien suiwer aromatiese olies meestal 'n stof soos plastiek sal vernietig of deur plastiekmolekules besoedel word. Basisolies kan wel in plastiekbottels verkoop word, maar die bottels moet steeds ondeursigtig wees om die eienskappe van die olies te bewaar.

Aromatiese olies moet duidelik gemerk wees en die etiket moet aandui dat die olies suiwer en gekonsentreerd is. Wanneer 'n etiket aandui dat 'n olie direk aan die vel gewend word, is dit verdun met alkohol of 'n basisolie (en derhalwe nie suiwer en gekonsentreerd nie).

Hou die volgende in gedagte ten opsigte van die bewaring van olies:

- Aromatiese olies moet in amberkleurige of ondeursigtige bottels bewaar word.
- Bottels moet dig verseël wees.
- Lig, lug, hitte en klamheid kan die terapeutiese eienskappe van aromatiese olies vernietig.
- Variasies in temperatuur kan die aromatiese olies nadelig beïnvloed.

Posbestellings word uitgevoer deur *Aromatic Essential Oils*, leweransiers van puik gehalte suiwer aromatiese olies.

Vir 'n pryslys kontak hulle by:

Posbus 999
Houghton
2041

Tel: 011 486 1773/4

Faks: 011 486 2395

10 Basisolies

Omdat aromatiese olies so gekonsentreerd is, moet hulle vóór gebruik met 'n draer- of basisolie vermeng word. Basisolies moet suiwer saad- of neutolies wees, omdat enige onsuiwerhede in die basisolie 'n negatiewe uitwerking op die aromatiese olie sal hê. Die beste basisolies is olies verkry deur die koue-drukproses, waar olie uit die plantmateriaal gepers word sonder gebruik van hitte.

Net soos aromatiese olies moet basisolies gekoop word van 'n handelaar wat in suiwer olies spesialiseer. Plantaardige olies wat by apteke en supermarkte te koop is – hoewel moontlik goedkoper – is meestal deur middel van chemiese solvente onttrek en sal dus nie dieselfde terapeutiese eienskappe hê as suiwer aromatiese olies of saad- en neutolies nie. Nie net het onsuiwer olies nie die gewenste uitwerking op die liggaam nie, maar dit kan ook nadelig wees vir die liggaam.

Mineraalolies, byvoorbeeld baba-olie, moenie gebruik word om aromatiese olies te verdun nie. Hierdie olies word nie tot dieselfde mate geabsorbeer as plantolies nie, en mag die absorpsie van die aromatiese olies inhibeer. Dier-vette is ook nie wenslik om as basis te gebruik nie. Afgesien van onsuiwerhede wat só na die liggaam oorgedra kan word, is die molekules van diervette meestal te groot vir maklike absorpsie, wat die absorpsie van die aromatiese olies vertraag of selfs totaal verhoed.

Neut- en saadolies dra ook hul eie terapeutiese eienskappe by om aromatiese olies te komplementeer en die vermenging te verryk. Hulle is veral ryk aan die vetoplosbare vitamines, naamlik vitamine A, vitamine D en vitamine E. Basisolies voed die vel en beskerm dit teen voortydige veroudering. Die glikosiedes wat in plantaardige basisolies voorkom, het 'n teeninflammatoriese werking en streel dus die vel.

Basisolies moet aan die volgende vereistes voldoen:
- Dit moet deur middel van die kouedrukproses onttrek gewees het.
- Dit mag geen preserveermiddels of byvoegings bevat nie.
- Dit moet reukloos wees, of net 'n sweempie van 'n geur hê.

Die volgende olies is geskik vir gebruik as basisolies:

Aalwynolie (Aloe vera oil)

Aalwyne kom wydverspreid in Afrika voor. Dit was bekend aan die Grieke en Romeine, wat dit op wonde gebruik het, en was ook deur die eeue bekend in China en Indië. Die olie van die aalwyn is helder, en bevat vitamines, minerale en proteïene. Dit is besonder genesend en kan regstreeks op die vel gebruik word om byvoorbeeld brandwonde te behandel.

• Gebruik dit in 'n 10 %-verhouding met ander basisolies.

Appelkoospitolie (Apricot kernel oil)

Hierdie liggeel olie, gepers uit die sagte kern van die appelkoospit, bevat minerale en vitamines en is uitstekend vir velsorg. Veral 'n vel wat voortydig verouder, of sensitief en baie droog is, sal by hierdie olie baat.

• Appelkoospitolie is geskik om as suiwer basisolie gebruik te word.

Avokado-olie (Avocado oil)

Avokado-olie is ryk en voedend, en bevat vitamines A, D en E, proteïene, lesitien en vetsure. Avokado-olie het die besondere eienskap dat dit verenigbaar is met die olierige talg wat deur die vetkliere in die vel afgeskei word. Dit word dus volkome geabsorbeer, en byvoeging van avokado-olie by ander basisolies verseker uitmuntende absorpsie. Dit is uitstekend vir aanwending aan wondletsels en littekens, asook vir ekseem en droë, uitgedorde vel en kopvel.

• Voeg 10 % avokado-olie by 'n ander basisolie.

Druiwesaadolie (Grapeseed oil)

Druiwesaadolie is baie fyn en delikaat. Dit is helder, maak die vel glad, is nievetterig en kan vir alle veltipes gebruik word. Dit is besonder geskik vir byvoorbeeld badolies wat goed in water moet versprei, ook vir velsorg. Druiwesaadolie is 'n uitstekende reiniger, en word met groot sukses aangewend as skoonmaakmiddel vir die gesig. Druiwesaadolie bevat vitamines, minerale en proteïene.

• Dit kan as 'n 100 %-basisolie gebruik word.

Grondboontjie-olie (Peanut oil)

Grondboontjie-olie is 'n liggeel olie wat geskik is vir alle veltipes. Dit bevat vitamines, minerale en proteïene.

• Gebruik dit as 'n 100 %-basis.

Haselneutolie (Hazelnut oil)

Haselneutolie voed die vel, word uitstekend deur die vel geabsorbeer en stimuleer bloedsirkulasie. Dit bevat vitamines, minerale en proteïene, en is uiters geskik as 'n basis vir velsorg vanweë 'n sagte saamtrekaksie.

• Gebruik haselneutolie as 'n 100 %-basis.

Jojoba-olie (Jojoba oil)

Jojoba se natuurlike habitat is Oos-Indië, Maleisië, China en Japan. Die boom word ongeveer 8 meter hoog. Geel jojoba-olie word gepers uit die jojobaboontjie. Dit bevat vitamines, minerale en 'n wasagtige bestanddeel wat die kollageen van die vel naboots.

Jojoba-olie het 'n lang rakleeftyd omdat dit nie maklik vatbaar is vir oksidasie nie, aangesien dit streng gesproke 'n *was* is en nie 'n *olie* nie. Dit behou die natuurlike suurbalans van die vel, help vir erge droë en gebarste vel, vertraag en herstel die vorming van plooie en streel allergiese vel. Dit dien as 'n sonblokkeermiddel met sonbeskermingsfaktor 4 en het die vermoë om die vel hoogs doeltreffend binne te dring. Dit is dus uiters geskik vir velsorg en laat die vel sag en glad.

• Jojoba-olie word in 'n 10 %-verhouding tot ander basisolies gebruik.

Komkommerkruidolie (Borage seed oil)

Komkommerkruidolie is voedend en voggewend. Dit bevat vitamines, minerale en vetsure. Dit is geskik vir alle veltipes en veral 'n vel wat voortydig verouder het. Dit is uitstekend vir skilfers en ekseem.

• Gebruik dit in 'n 10 %-verhouding saam met 'n ander basisolie.

Koringkiemolie (Wheatgerm oil)

Koringkiemolie het 'n ryk geel tot oranje kleur. Dit bevat vitamines, minerale en proteïene. Koringkiemolie is ryk en voedend. Dit help om velletsels en littekens te verwyder. Koringkiemolie moet egter nie gebruik word voor blootstelling aan die son nie, aangesien dit mag veroorsaak dat die vel sonbrand opdoen.

• Deur koringkiemolie in 'n verhouding van 10 % met ander basisolies te vermeng, kan die rakleeftyd van vermengde formules aansienlik verleng word.

Nagkersolie (Evening primrose oil)

Nagkersolie is liggeel, en bevat vitamines, minerale en vetsure. Dit is veral van waarde by voortydige veroudering van die vel.

• Gebruik dit in 'n verhouding van 10 % met ander basisolies.

Olyfolie (Olive oil)

Olyfolie is 'n liggroen olie gepers uit olywe. Dit bevat vitamines, minerale en proteïene.

• Gebruik dit in 'n 10 %-verhouding tot ander basisolies.

Saffloerolie (Safflower oil)

Saffloerolie is 'n liggeel olie wat vitamines, minerale en proteïene bevat.

• Dit is geskik vir alle veltipes en kan as 'n 100 %-basisolie gebruik word.

Sesamolie (Sesame oil)

Sesamolie het 'n diep, ryk, geel kleur. Dit het 'n lang rakleeftyd. Sesamolie bevat ook 'n natuurlike sonfiltreerder.

• Gebruik dit in 'n 10 %-verhouding met ander olies.

Soetamandelolie (Sweet almond oil)

Soetamandelolie is 'n ligte maar voedsame en bevogtende olie, wat geredelik deur die vel geabsorbeer word. Dit bevat vitamines en minerale en is ryk aan proteïene. Dit is feitlik reukloos en kan vir alle veltipes gebruik word. Dit word nie maklik galsterig nie en het 'n redelik lang rakleeftyd. Dit help vir jeukerige, seer en droë vel en is uitstekend vir die verwydering van kopvelkors (cradle cap) by babas.

• Soetamandelolie kan volsterkte as 'n basisolie gebruik word, of kan verryk word deur tot 30 % van die ander olies hier genoem, by te voeg.

Sojaboonolie (Soya bean oil)

Sojaboonolie is liggeel, bevat vitamines, minerale en proteïene, en kan vir alle veltipes gebruik word.

• Dit word as 'n 100 %-basisolie gebruik.

Sonneblomolie (Sunflower oil)

Sonneblomolie is 'n liggeel olie. Dit bevat vitamines en minerale, en is geskik vir alle veltipes. Sonneblomolie word maklik galsterig en is slegs geskik vir 'n mengsel wat onmiddellik benut gaan word, byvoorbeeld vir massering. Sonneblomolie is uitstekend vir rumatiek, snye en kneusings.

• Gebruik as 'n 100 %-basis.

11 Vermenging

Aanvanklik, voordat die student die geleentheid gehad het om aromatiese olies te leer ken, is dit beter om by voorgeskrewe formules te hou. Namate 'n mens met die olies werk, ontwikkel 'n gevoel en intuïsie vir die vermenging van olies, en kan vrylik met die olies geëksperimenteer word. Bly egter *altyd* by die persentasies wat aanbeveel word. Wanneer daar met aromatiese olies gewerk word, is *meer* definitief nie *beter* nie.

Dit is altyd 'n goeie idee om enige mengsel eers aan 'n klein area sensitiewe vel te wend om seker te maak dat dit veilig is vir verdere gebruik. Die binnekant van die elmboog of pols is ideaal hiervoor. Wend aan en bedek met 'n strokie pleister vir 12 uur – indien daar geen velirritasie ontstaan nie, is die formule geskik vir gebruik. Ten einde nie die kosbare aromatiese olies te vermors nie, is dit beter om aanvanklik net 'n 0,5 %- of 1 %-vermenging te maak en te toets, dit wil sê 1 tot 2 druppels aromatiese olie in 10 mℓ basisolie.

- Maak baie seker dat 'n aromatiese olie heeltemal veilig is voor gebruik deur swanger vrouens.
- Suiwer, onverdunde olie behoort slegs gebruik te word in 'n noodgeval. Die enigste uitsonderings op die reël is laventel- en teeboomolie.
- Gebruik olies slegs inwendig indien die terapeutiese eienskappe van die betrokke olie goed bekend is. Inwendige gebruik mag slegs onder toesig van 'n gekwalifiseerde persoon gedoen word.

Wanneer olie in 'n formule vermeng word, doen eerste die vermenging van die aromatiese olies. Laat hierdie olie in 'n goed verseëlde, ondeursigtige bottel staan vir 'n minimum van vier ure. In hierdie tyd reageer die verskillende aromatiese olies met mekaar om uiteindelik 'n produk te lewer wat van groter terapeutiese waarde is. Hierdie verskynsel word genoem **sinergisme** – 'n samewerking van verskillende stowwe sodat die uiteindelike effek groter is as die som van die afsonderlike stowwe. Hierna word die aromatiese oliemengsel by die basisolie gevoeg om 'n vermenging te vorm met 'n baie kragtige werking.

Dit is belangrik om te onthou dat, hoewel 'n sinergistiese mengsel kragtig werk, die samevoeging van meer as vyf olies hierdie wonderlike proses in die wiele ry. Te veel verskillende olies mag veroorsaak dat die eienskappe van die eindproduk verswak word. Hou dus by drie tot vier aromatiese olies vir die effektiefste resultate.

12 Die terapeutiese eienskappe van aromatiese olies

Deur te kyk na die terapeutiese eienskappe van aromtiese olies kan 'n mens vasstel vir watter toestande 'n sekere aromatiese olie gepas sou wees.

Die volgende eienskappe van aromatiese olies word aangetref:

Afrodisies	Olies wat die seksdrang stimuleer
Antibioties	Olies wat bakteriële infeksies teenwerk
Antisepties	Ontsmettend en kiemdodend (alle aromatiese olies)
Antiskleroties	Olies wat aarverkalking voorkom
Antitoksies	Olies wat help om die bloed van toksiese stowwe te suiwer
Aperatief	Olies wat die eetlus prikkel
Aromaties	Olies wat geurig en aangenaam is – dit word dikwels gebruik om medikasie 'n aangename reuk en smaak te gee
Balsemend	Olies met die vermoë om stowwe te preserveer en te bewaar
Bitter	Olies met 'n kenmerkende bitter smaak wat die eetlus prikkel
Bloedreinigend	Olies wat die bloed suiwer van toksiese stowwe
Bloedsomloop-stimulerend	Olies wat die bloedsomloop in die liggaam verbeter
Bloedstelpend	Olies wat bloeding kontroleer en staak deur beheer van weefsels en bloedvate
Breinstimulerend	Olies wat die verstand en denke helder maak
Digestief	Olies wat die spysvertering aanhelp
Diureties	Olies wat die eliminasie van vloeistowwe uit die liggaam deur middel van verhoogde urienafskeiding stimuleer
Galafdrywend	Olies wat die lewer en gal stimuleer
Ginekologies	Olies wat die vroulike voortplantingstelsel affekteer; dit verlig spierspasmas in die laer buik en dus menstruasiepyne, en beheer menstruele onreëlmatighede

Hartversterkend	Olies wat die hartaksie beïnvloed (moet met groot omsigtigheid gebruik word)
Hipertensief	Olies wat die bloeddruk verhoog (wees uiters versigtig in die gebruik van hierdie olies)
Hipoglukemies	Olies wat die bloedsuikervlak verlaag (diabete moet dit slegs onder streng toesig gebruik, aangesien dit 'n gevaarlike toestand mag veroorsaak)
Hipotensief	Olies wat die bloeddruk verlaag
Hoesdrywend	Olies wat die vorming van slym en die uithoes daarvan stimuleer (verlig bronchiospasma)
Huidprikkelend	Olies wat die bloedvloei na die vel verhoog
Immuunstimulerend	Olies wat die immuunstelsel van die liggaam stimuleer om siekte te oorkom en te verhoed
Insekwerend	Olies wat insekte verdryf
Kalmerend	Olies wat stres en angstigheid verlig en die senuwees kalmeer
Klierversterkend	Olies wat die hormoonstelsel versterk
Koorswerend	Olies wat koors verlaag
Krampwerend	Olies wat winderigheid en maagkrampe verminder
Lakserend	Olies wat hardlywigheid verlig
Longversterkend	Olies wat die asemhalingstelsel versterk
Maagversterkend	Olies wat die spysvertering versterk en maagongesteldheid verlig
Melkstimulerend	Olies wat die produksie en vloei van melk stimuleer
Narkoties	Olies wat bedwelmend is en 'n verdowende uitwerking op die liggaam het (mag gevaarlik wees in groot dosisse)
Opheffend	Olies wat 'n antidepressiewe werking het
Parasietdodend	Olies wat ingewandsparasiete vernietig
Pynstillend	Olies wat pyn verlig
Reukwerend	Olies wat onaangename reuke verdryf
Sametrekkend	Olies wat die vel styf laat span en die bloedvate vernou sodat bloedvloei na sekere areas verminder, asook die afskeidings van die slymvlies; olies wat dus irritasie in die weefsel verminder
Senuweestimulerend	Olies wat die senuweestelsel versterk
Stimulerend	Olies wat die hele gestel stimuleer
Sweetdrywend	Olies wat perspirasie stimuleer
Swamwerend	Olies wat swamme vernietig en voorkom
Sweetwerend	Olies wat oormatige perspirasie beheer

A: Algemeen

Teenallergies	Olies wat die liggaam help om allergiese reaksies te beheer
Teenkonvulsief	Olies wat stuipe en spierspasma beheer
Versterkend	Olies wat 'n tonikum vir die hele gestel is
Viruswerend	Olies wat virusse bestry
Windafdrywend	Olies wat inwendige winderigheid verminder
Wondhelend	Olies wat infeksie en inflammasie teenwerk en die genesing van wonde bevorder deur selgenerering te stimuleer
Wurmdodend	Olies wat ingewandswurms elimineer

13 Waarskuwing

Dit is belangrik om te onthou dat aromatiese olies van plante ongeveer 70 % meer gekonsentreerd is as die oorspronklike plant. 'n Goeie kennis van die eienskappe van aromatiese olies is uiters belangrik, aangesien sekere olies nadelige gevolge mag inhou indien dit verkeerd toegedien word.

Die volgende olies moet as gevaarlik beskou word en met groot omsigtigheid en volgens aanwysings gebruik word:

- **Vermy die volgende aromatiese olies gedurende swangerskap aangesien hulle baarmoederstimulerend is:**

  Algoede, anys, dragon, gemmer, groenment, jenewer, kamille, kaneel, laventel, marjolein, mirre, orego, peperment, pietersielie, polei, roos, roosmaryn, salie, sassafras, tiemie, wurmkruid, wynruit

- **Aromatiese olies wat toksies is met langdurige gebruik of te hoë dosis:**

  Anys, pietersielie, roosmaryn, salie, vinkel, wortel, wynruit

- **Die volgende olies is bedwelmend in sterk dosisse:**

  Anys, basielkruid, koljander, marjolein, neutmuskaat, patsjoelie

- **Die volgende olies moenie aangewend word voor blootstelling aan die son nie, aangesien hulle die ligsensitiwiteit van die vel verhoog en pigmentasie mag veroorsaak:**

  Bergamot, duisendbladboom, neroli, seldery

- **Persone wat aan epilepsie en/of hoë bloeddruk ly moet die volgende olies vermy:**

  Mirre, roosmaryn, salie

- **Die volgende olies mag die niere beskadig met langdurige gebruik in hoë dosisse:**

  Jenewer, swartpeper, wurmkruid

A: Algemeen

- **Velirritasie kan deur die volgende olies veroorsaak word, en hulle moet altyd verdun word en met omsigtigheid gebruik word:**

  Basielkruid, bergamot, bonekruid, dennenaald, duisendblad, kajapoet, kaneel, knoffel, komyn, *Litsea cubeba*, orego, peperment, sitroengrasolie, sitronella

14 Die basiese self-help-olieversameling

Soos uit Afdelings B en C duidelik sal blyk, is daar aromatiese olies vir elke kwaal en geleentheid. Dit is nogtans wys om 'n basiese versameling aromatiese olies saam te stel, wat tuis en op reis as noodhulpkissie kan dien. So 'n stelletjie noodolies kan oral saamgaan – strand toe, op gesinsuitstappies, waar ook al. Veral waar kinders teenwoordig gaan wees, is dit wys om 'n basiese versameling aromatiese olies byderhand te hê, want teëspoed sal daar gewis wees!

Die basiese olieversameling

Bloekom	Verkoue, griep en borskwale
Kamille	Enige toestand van senuweeagtigheid, spanning, pyn, en koors, en veral doeltreffend om die gif van blou-blasies te neutraliseer; nuttig vir velsorg
Laventel	Hoofpyn, naarheid, kneusings, brandwonde, insek-byte en enige toestand waar onsekerheid bestaan oor die geskikste aromatiese olie – laventelolie is sekerlik die veelsydigste aromatiese olie; nuttig vir velsorg
Roosmaryn	Beskerming teen aansteeklike siektes; om die konsentrasievermoë te verskerp; nuttig vir velsorg
Teeboom	Enige wond; onmisbaar in die geval van borstoestande en sinus; om die verloop van enige virussiekte, swamtoestand of bakteriële infeksie te stuit of te versnel
Wildemalva	Energie en lewenskrag; nuttig vir velsorg

Hierdie ses olies dek feitlik enige liggaamstoestand of noodhulpsituasie. Vergelyk die kruisverwysingstabelle (Afdeling D) vir besonderhede oor elke olie en liggaamstoestand.

AFDELING

B

Terapeutiese beskrywing van olies

In hierdie afdeling word die aromatiese olies alfabeties gelys, met 'n opsommende beskrywing van elke olie se oorsprong, wyse van onttrekking en gebruike. Waar toepaslik word verdere interessante kenmerke ook meegedeel. Die terapeutiese eienskappe en aanwendingmetodes word kripties gelys om die naslaan daarvan te vergemaklik. By elke olie se beskrywing word die aandag ook op waarskuwings gevestig.

Indien die leser meer wil weet oor metodes van olie-onttrekking, aanwending en terapeutiese eienskappe, vergelyk Hoofstukke 7, 8 en 12 onderskeidelik.

Algoede-olie (Clary sage oil) *Salvea sclarea*

Beskrywing

Algoede kom oorspronklik van Sirië, Italië, Frankryk en Switserland, maar vir kommersiële doeleindes word dit aangeplant in Rusland, die VSA en Frankryk. Die woord *clary* is afkomstig van die Latynse woord *sclarea,* afgelei van *clarus,* wat "helder" beteken. Algoede-olie word verkry deur stoomdistillering van die blomtoppe en blare van die plant. Die aromatiese olie is helder en het 'n soet, neuterige geur. Algoede-olie word gebruik as 'n basisnoot in die vervaardiging van parfuum of fikseermiddel in die kosmetiekbedryf, asook in die vervaardiging van Duitse en Italiaanse wyne. Vir langdurige gebruik is algoede-olie verkieslik bo die gewone salie-olie, aangesien dit nietoksies vir die liggaam is.

Terapeutiese eienskappe

Antisepties, teenkonvulsief, opheffend, krampwerend, afrodisies, sametrekkend, windafdrywend, reukwerend, digestief, versterkend, hipotensief, senuweestimulerend, kalmerend, maagversterkend, ginekologies

Aanwending

Massering, uitwendige aanwending, parfuum, geurmiddel in voedsel

* **Waarskuwing:** Algoede-olie is 'n baarmoederstimulant en moet dus gedurende swangerskap vermy word.

Anysolie (Aniseed oil) *Pimpinella anisum*

Beskrywing

Anysolie word gedistilleer uit die sade van die anysplant, en tot soveel as 6 % liggeel aromatiese olie word onttrek. Anys is 'n eenjarige plant wat oorspronklik uit die Midde-Ooste kom. Dit is deur die antieke Egiptenare en later die Grieke en Romeine aangeplant. Die Romeine het ontdek dat anyssaad spysvertering aanhelp ná 'n groot maaltyd. Om hierdie rede is anyssade gebruik in koek wat ná die hoofmaaltyd bedien is. Pythagoras het gemeen dat anys goed is vir winderigheid en krampe en as uitstekende aptytwekker kan dien. Die monnike van die Middeleeue het anys in hul kruietuine geplant en vir medisinale doeleindes aangewend. Sowel die Indiese *Vedas* as die Bybel noem anys en die gebruike daarvan. Anysolie word steeds geproduseer in Spanje, Egipte, Noord-Afrika en die Sowjet-Republiek. Anys word dikwels in die farmaseutiese bedryf aangewend om onaangename medisyne smaakliker te maak, en word in die voedselbedryf gebruik in die vervaardiging van likeur en die produksie van parfuum.

Terapeutiese eienskappe

Antisepties, krampwerend, diureties, melkstimulerend, afrodisies, kliersti-mulerend, narkoties, digestief, longversterkend, bloedsomloopstimulerend, aromaties, hoesdempend, stimulerend, narkoties

Aanwending

Massering, aromatiese bad, uitwendige aanwending, voedselgeurmiddel

- **Waarskuwing:** Anysolie moet vermy word gedurende swangerskap en nie deur kinders gebruik word nie. Anysolie het 'n verdowende uitwerking wat in groot dosisse serebrale en bloedsomloopprobleme mag veroorsaak. 'n Oordosis anysolie is verdowend en hoogs toksies.

Arnika-olie (Arnica oil) *Arnica montana*

Beskrywing

Arnika kom voor in die heuwels en berge van Europa en Noord-Amerika. Die plant word in heelwat lande beskerm aangesien dit besig is om uit te sterf. Arnika-olie word gedistilleer uit die blomknoppe. Die naam kom van die Griekse woord *arnikos* wat "lamsvel" beteken, en verwys na die tekstuur van die plant se blare. In die plekke waar arnika inheems voorkom, is dit lank reeds as volksmedisyne bekend.

Terapeutiese eienskappe

Versterkend, teeninflammatories, haarvatverwydend

Aanwending

Massering, uitwendige aanwending

- **Waarskuwing:** Arnika-olie moet onder geen omstandighede inwendig gebruik word nie, aangesien dit irritasie van die ingewande kan veroorsaak.

Basielkruidolie (Basil oil) *Ocimum basilicum*

Beskrywing

Die liggeel basielkruidolie word uit die blare en blomtoppe van die kruid gedistilleer. Dit het 'n skerp, deurdringende, maar aangename reuk en 'n soet smaak. Die naam kom van die Griekse woord *basilicon* wat "koninklik" beteken, omdat die olie "geskik is om in 'n koningshuis te gebruik", volgens die kruiekenner, John Parkinson. Die basielkruid kom oorspronklik van Indië, van waar dit na Europa versprei het. Tans groei dit wydverspreid in Frankryk, Ciprus, Reunion en die Seychelle. In die Indiese Ayurvediese geneeskunde word basielkruid algemeen gebruik. In die volksgeneeskunde is basielkruid aangewend vir vrouekwale en insekbyte. Basielkruidolie stimuleer die bynierkorteks en dus die afskeiding van natuurlike kortisoon. Die hartvormige blaartjies van die basielkruid word in Italië gesien as 'n simbool van liefde. Basielkruid word algemeen in die kookkuns aangewend en die voedselbedryf maak op groot skaal gebruik van basielkruidolie. Dit word ook gebruik as 'n topnoot in die maak van parfuum.

Terapeutiese eienskappe

Antisepties, opheffend, kiemwerend, versterkend, lakserend, koorswerend, hoesdrywend, insekwerend, krampwerend, windafdrywend, breinstimulerend, melkstimulerend, digestief, senuweestimulerend, maagversterkend, sweetdrywend, baarmoederstimulerend, narkoties

Aanwending

Massering, uitwendige aanwending, aromatiese bad, gorrelmiddel, kompresse, voedselgeurmiddel

- **Waarskuwing:** Vermy gebruik gedurende swangerskap. Gebruik volgens die voorgestelde dosis aangesien 'n sterker vermenging sensitiewe vel mag irriteer. Groot dosisse basielkruidolie is verdowend.

Bensoïne-harpuis (Benzoin resinoid) *Styrax benzoin*

Beskrywing

Bensoïne-harpuis is beter bekend as *Friar's Balsam*. Hierdie aromatiese olie is rooibruin en klewerig en ruik soos vanielje. Die boom kom voor in Maleisië, Thailand, Borneo, Java en Sumatra, en die aromatiese olie word onttrek deur die oplosmiddelmetode, waar die oplosmiddel gewoonlik etielglikol ('n alkohol) is, of andersins 'n alkohol wat natuurlik van hout afkomstig is. Die *Styrax benzoin* groei tot ongeveer 20 meter hoog. Elke boom lewer ongeveer 500 g tot 600 g hars of boomgom wat dreineer uit 'n diep snit in die boomstam. Die hars is gryserig met 'n rooi strepie, en dit is hierdie rooi stof wat die meeste aromatiese olie bevat. In die Middeleeue is bensoïne verrook om "duiwels" te verdryf, maar dit was inderwaarheid terapie vir die ongesteldheid wat beskou is as die oorsaak van "duiwels". Bensoïne-harpuis vorm 'n uitstekende basisnoot vir parfuum, en is ook 'n bestanddeel van wierook.

Terapeutiese beskrywing

Terapeutiese eienskappe

Antisepties, windafdrywend, reukwerend, diureties, hoesdrywend, wondhelend, kalmerend, hartversterkend, slymdrywend, longversterkend, stimulerend, bloedsomloopstimulerend

Aanwending

Inaseming, uitwendige aanwending, stoominaseming, massering, parfuum, skoonheidsorg, aromatiese bad, diffusie, kompresse

Bergamotolie (Bergamot oil) *Citrus bergamia*

Beskrywing

Bergamot behoort aan die sitrusfamilie. Die olie is smaraggroen van kleur, en het 'n soet, suurlemoenagtige geur. Bergamotolie word verkry deur die skil van die vrug uit te pers. Nagenoeg 200 kg plantmateriaal word gebruik om 1 kg aromatiese olie te lewer. Bergamot kom voor in Suid-Italië, Sisilië, die Ivoorkus en die Kanariese Eilande. Die bergamotboom is deur Christopher Columbus op die Kanariese Eilande ontdek. Die naam bergamot is afkomstig van die Italiaanse stad Bergamo. Bergamotolie is eeue reeds in die Italiaanse volksgeneeskunde in gebruik. Bergamotolie het 'n wonderlik opbeurende uitwerking. Bergamotolie is 'n hoofbestanddeel van Eau de Cologne, en word dikwels gebruik vir die topnoot in parfuum. Die heerlike smaak en geur van Earl Grey-tee is te danke aan bergamotblare.

Terapeutiese eienskappe

Antisepties, versterkend, maagversterkend, pynstillend, digestief, krampwerend, windafdrywend, bloedstelpend, reukwerend, hoesdrywend, koorswerend, kalmerend, parasietdodend, wondhelend

Aanwending

Parfuum, uitwendige aanwending, massering, diffusie, kompresse, skoonheidsorg, aromatiese bad, voedselgeurmiddel

- **Waarskuwing:** Neem kennis dat bergamotolie nie aan die vel gewend moet word voor blootstelling aan die son nie, aangesien dit abnormale pigmentasie tot gevolg mag hê. In hoë konsentrasies mag dit velirritasie veroorsaak – hou dus by die voorgestelde mengverhouding.

Berkeboomolie (Birch oil) *Betula verrucosa*

Beskrywing

Berkeboomolie word geproduseer deur stoomdistillering van die bas van die boom. Die aromatiese olie is helder en gelerig, met 'n soet, warm geur. Berkeboomolie word in die noord-ooste van Amerika geproduseer.

Terapeutiese eienskappe

Pynstillend, diureties, bloedreinigend

Aanwending

Massering, uitwendige aanwending, aromatiese bad, hand- en voetbad

Bloekomolie (Eucalyptus oil) *Eucalyptus globulus*

Beskrywing

Die bloekomboom kom oorspronklik van Australië, van waar dit in die 19de eeu na Noord-Afrika en die Middellandse kusgebied versprei het. Bloekomolie word tans geproduseer in Australië, Spanje en Portugal. Bloekomolie word van die blare van die boom verkry deur middel van distillasie. Dit het 'n geel tot rooi kleur en 'n vars, kanferagtige geur. Bloekomolie het groot terapeutiese waarde en is tradisioneel deur die Australiese Aborigines gebruik vir koors. Die farmakologiese bedryf wend bloekomolie op groot skaal aan.

Terapeutiese eienskappe

Antisepties, senuweestimulerend, krampwerend, koorswerend, hoesdrywend, parasietdodend, hipoglukemies, stimulerend, wondhelend, reinigend

Aanwending

Inaseming, stoominaseming, uitwendige aanwending, aromatiese bad, masse ring, diffusie, gorrelmiddel, kompresse

Bonekruidolie (Savory oil) *Satureia montana*

Beskrywing

Bonekruid is 'n inheemse plant van die Middellandse Seegebied. Bye het 'n besondere affiniteit vir hierdie plant. Bonekruidolie word deur middel van stoomdistillasie onttrek uit die blare en blomtoppe, en 'n liggroen olie word gelewer. Bonekruid is gewild in die kookkuns, en word op groot skaal in die parfuumbedryf aangewend.

Terapeutiese eienskappe

Antisepties, krampwerend, digestief, hoesdrywend, stimulerend, wurmdodend, sametrekkend, wondhelend, maagversterkend, versterkend, pynstillend, huidprikkelend

Aanwending

Parfuum, voedselgeurmiddel, uitwendige aanwending, massering, diffusie, aromatiese bad, kompresse

• **Waarskuwing:** In groot dosisse mag bonekruidolie die vel irriteer.

Dennenaaldolie (Pine needle oil) *Pinus sylvestris*

Beskrywing

Dennenaaldolie word gedistilleer uit dennenaalde afkomstig van Oostenrykse, Skandinawiese en Russiese dennebome. Die beste olie kom van Russiese dennebome en word Siberiese dennenaaldolie genoem. Dit is 'n kleurlose tot liggeel olie met 'n skerp geur. Dennenaaldolie word op groot skaal kommersieel gebruik, veral vir skoonheidspreparate soos seep, badolies, ensovoorts en toiletware soos lugverfrissers en wasmiddels.

Terapeutiese eienskappe

Antisepties, stimulerend, versterkend, balsemend, afrodisies, diureties, hoesdrywend, bloedsomloopstimulerend, slymdrywend, klierstimulerend, huidprikkelend, reinigend

Aanwending

Massering, inaseming, stoominaseming, uitwendige aanwending, skoonheidsorg, diffusie, aromatiese bad, kompresse

• **Waarskuwing:** Gebruik dennenaaldolie altyd in 'n baie lae konsentrasie – 0,5 % of 1 % – om velirritasie te verhoed.

Dille-olie (Dill oil) *Anethum graveolens*

Beskrywing

Dille kom inheems voor in die oostelike Middellandse Seegebied en Wes-Asië, maar word lank reeds op ander plekke ook aangetref. Dié aromatiese olie word deur stoomdistillasie onttrek. Tradisioneel is dille vir hoofpyn en tandpyn aangewend. Die naam kom van die Noorse woord *dylla* wat beteken "om te streel". Dille is by uitstek veilig vir kinders en word gebruik vir die maak van krampwater. Dille-olie word deur die farmaseutiese en kosmetiese bedrywe gebruik, asook in likeurs en die kookkuns.

D

Terapeutiese eienskappe

Melkstimulerend, krampwerend, maagversterkend, kalmerend

Aanwending

Inwendig, uitwendige aanwending, aromatiese bad, diffusie, massering

Dragonolie (Tarragon oil) *Artemesia dracunculus*

Beskrywing

Dragon kom inheems voor in Oos-Europa, Siberië, Mongolië, China en tot in die VSA. Dragonolie word in Frankryk, België en Amerika geproduseer. Dragonolie word verkry deur stoomdistillasie van die vars kruid se blare. Die Latynse naam *dracunculoides* beteken "klein drakie", en verwys waarskynlik na die wortels van die plant wat soos opgerolde slange lyk. Dragon is tradisioneel aangewend vir tandpyn en giftige byte, asook in die kookkuns. Dragon word steeds op groot skaal in die kookkuns gebruik, veral in die maak van gegeurde asyn. Die vars blare word gepluk net voor blomtyd, in goeie witdruiwe-asyn geplaas en vir 2 tot 3 weke laat staan. Die olie word in die vervaardiging van toiletpreparate gebruik en in voedselproduksie, veral in die inlegbedryf.

Terapeutiese eienskappe

Antisepties, aperatief, digestief, stimulerend, maagversterkend, krampwerend, baarmoederstimulerend, wurmdodend

Aanwending

Massering, voedselgeurmiddel, diffusie, uitwendige aanwending, kompresse, aromatiese bad, hand- en voetbad

• **Waarskuwing:** Vermy gebruik gedurende swangerskap aangesien dragonolie 'n baarmoederstimulant is.

B: Terapeutiese beskrywing

Duisendbladboomolie (Yarrow oil) *Achillea millefolium*

Beskrywing

Duisendblad kom algemeen voor in Europa en Asië. Alle dele van die plant het 'n baie kenmerkende geur. Die olie word gedistilleer uit die blomme en blomdraende stele, en bevat asulene wat ná distillasie blou word. Die duisendblad se Latynse naam *Achillea* kom van die Griekse held, Achilles, omdat duisendblad gedurende die Trojaanse oorloë gebruik is vir die behandeling van oorlogswonde. Die woord *millefolium* dui op die plant se talryke geveerde blare. In die Engelse volksmond word duisendblad *nosebleed* genoem – 'n aanduiding dat dit deur die eeue gebruik is as 'n bloedstolmiddel. Duisendblad word in die kookkuns gebruik en word ook op groot skaal in die kosmetiese bedryf aangewend.

Terapeutiese eienskappe

Antisepties, sametrekkend, sweetdrywend, digestief, koorswerend, teeninflammatories, teenallergies, baarmoederstimulerend, maagversterkend, lakserend, bitter, wondhelend, krampwerend

Aanwending

Diffusie, inaseming, uitwendige aanwending, massering, gorrelmiddels, aromatiese bad, kompresse

* **Waarskuwing:** Vermy duisendblad gedurende swangerskap omdat dit 'n baarmoederstimulant is. Langdurige gebruik kan die vel ligsensitief maak of irriteer en pigmentasie veroorsaak na blootstelling aan die son.

Elemi-olie (Elemi oil) *Canarium luzonicum*

Beskrywing

Elemi-olie word gedistilleer uit die gom wat uit gate in die stam van die plant sypel. Die boomgom word versamel en dan aan die distillasieproses onderwerp. Die woestynplant *Canarium luzonicum* word aangetref in die Filippynse Eilande, Brasilië en Meksiko. Die olie is liggeel van kleur en ruik effens na kanfer. Dit is sedert die 15de eeu bekend in Europa. Die Arabiese naam van die olie word vertaal met die woorde "bo en onder", wat duidelik dui op die balanserende werking van die olie. Dit het 'n opheffende uitwerking op die gees. Elemi-olie word gebruik in die parfuumbedryf asook in die farmaseutiese bedryf wat dit in sommige geneesmiddels aanwend, veral wondhelende salwe.

72

Terapeutiese eienskappe

Teeninflammatories, wondhelend, balsemend, hoesdrywend, sametrekkend, antisepties, versterkend, kalmerend

Aanwending

Parfuum, uitwendige aanwending, massering, aromatiese bad, diffusie, kompresse

Gemmerolie (Ginger oil) *Zingiber officinale*

Beskrywing

Aanvanklik uit tropiese Asië afkomstig, is gemmer deur die Spanjaarde na die Amerikas geneem. Dit word al vir ten minste 2 000 jaar as geneesmiddel gebruik en word steeds as geneesmiddel deur Chinese dokters voorgeskryf. Die antieke Grieke het gemmer vir spysverteringsprobleme gebruik en gedurende die Middeleeue is gemmer as tonikum en vir wonde gebruik. Gemmer word tans in die Wes-Indiese Eilande aangeplant, en gemmerolie word in China, Indië en Maleisië geproduseer. Gemmerolie word uit die risome van die gemmerplant gedistilleer en is lig- tot donkergeel met 'n kenmerkende geur. Gemmer word gebruik in farmaseutiese produkte, veral in Indië, China en Japan, asook in die voedselbedryf.

Terapeutiese eienskappe

Antisepties, bloedsomloopstimulerend, sweetdrywend, hoesdrywend, krampwerend, kiemwerend, huidprikkelend, bloedstelpend, diureties, aperatief, versterkend, stimulerend, pynstillend, wondhelend

Aanwending

Inwendig, massering, uitwendige aanwending, diffusie, aromatiese bad, kompresse, voedselgeurmiddel

• **Waarskuwing:** Moenie gedurende die eerste trimester van swangerskap gebruik nie. Vermy gebruik in die geval van rou maagsere, aangesien gemmerolie prikkelend is.

Gousblomolie (Tagetes oil [marigold]) *Calendula officinalis*

Beskrywing

Gousblomme is inheems aan Suid-Europa. Die blomblare van die gousblom word gedistilleer om hierdie aromatiese olie te maak. Die olie is donkergeel tot oranje van kleur en het 'n diep, vol geur. Die naam *calendula* is afkomstig van die Latynse woord *calendae,* wat "klein horlosietjie" beteken, omdat hierdie plante regdeur die jaar blom waar dit inheems in die natuur voorkom. Gousblomme is sedert die Middeleeue aangeplant ter wille van die eienskappe van die helderoranje blomme. In sewentiende-eeuse Engeland is gousblomolie gebruik vir pokke, masels en as 'n harttonikum. Dit bly steeds een van die beste middels vir die lokale behandeling van veltoestande. Kommersieel word gousblomolie aangewend deur die produsente van skoonheidsmiddels en farmaseutiese produkte. Laasgenoemde bedryf gebruik dit om medisynes te kleur. In Brittanje word gousblomolie algemeen en met groot sukses gebruik om voeteelte en -groeisels te behandel.

Terapeutiese eienskappe

Antiseptics, sametrekkend, swamwerend, teeninflammatories, wondhelend, galafdrywend, opheffend, kalmerend, krampwerend

Aanwending

Massering, uitwendige aanwending, mondspoelmiddel, velsorg

Groenmentolie (Spearmint oil) *Mentha spicata*

Beskrywing

Groenmentolie word uit die plant onttrek deur stoomdistillasie. Die geur is na aan dié van peperment, maar nie so skerp en branderig nie.

Terapeutiese eienskappe

Senuweestimulerend, versterkend, krampwerend, digestief, galafdrywend, baarmoederstimulerend, hoesdrywend, koorswerend, antiseptics, slymdrywend

Aanwending

Diffusie, uitwendige aanwending, kompresse, aromatiese bad, massering, hand- en voetbad

- **Waarskuwing:** Groenmentolie moenie deur swanger vroue gebruik word nie, aangesien dit baarmoederstimulerend is.

Hisopolie (Hyssop oil) *Hyssopus officinalis*

Beskrywing

Die grootste produsente van hisopolie is Frankryk, Spanje en Suid-Europa. Die beste kwaliteit hisopolie word verkry van plante wat hoër as 1500 meter bo seevlak in die Alpe groei. Hisopolie word deur distillasie van die kruid in blom verkry, en is goudgeel met 'n aangename aromatiese geur. Hisop was een van die heilige plante in Bybelse tye. Die Griekse woord *azob* wat "heilige kruid" beteken, het aanleiding gegee tot die naam. Die Grieke het hisop vir long-ontsteking en asma gebruik. In volksgeneeskunde is hisop aangewend vir toe-stande van die maag en bors, en om die bloed te suiwer. Hisop is 'n belangrike bestanddeel van die heerlike Chartreuse-likeur.

Terapeutiese eienskappe

Antisepties, slymdrywend, windafdrywend, krampwerend, digestief, sweet-werend, teeninflammatories, viruswerend, opheffend, kalmerend, maagver-sterkend, sametrekkend, diureties, wondhelend, koorswerend, hartverster-kend, longversterkend, hipertensief, hoesdempend

Aanwending

Voedselgeurmiddel, inwendig, uitwendige aanwending, aromatiese bad, diffusie, massering, kompresse

- **Waarskuwing:** Die aanbevole dosis moet nooit oorskry word nie aangesien hisopolie in groot dosisse stuipe en spierspasmas mag veroorsaak. Vermy in gevalle waar senuprobleme voorkom.

Jasmynolie (Jasmine oil) *Jasminum officinale*

Beskrywing

Jasmynolie is nie 'n aromatiese olie in die ware sin van die woord nie. Die aromatiese stowwe word uit die bloeisels onttrek deur die enfleurage-metode. Die eindproduk van hierdie proses is 'n bruin, taai stof wat 'n "absoluut" genoem word. Die geur van jasmyn is feitlik onbeskryflik eksoties. Jasmynolie is geweldig duur en word dikwels vervals.

Terapeutiese eienskappe

Afrodisies, stimulerend, opheffend

B: Terapeutiese beskrywing

Aanwending

Uplifting, Stimulating, menstrual cramps

Massering, uitwendige aanwending, aromatiese bad, diffusie, kompresse, skoonheidsorg

Jenewerolie (Juniper oil) *Juniperus communis*

Beskrywing

Die jenewerboom kom voor in Kanada en Europa en jenewerolie word geproduseer in die voormalige Joegoe-Slawië, Frankryk en Italië. Jenewerolie word deur stoomdistillasie van die ryp jenewerbessies verkry, en 0,5 % tot 2 % aromatiese olie word gelewer. Olie wat uit die hout onttrek word, het nie veel terapeutiese waarde nie. Jenewerolie is kleurloos tot 'n ligte geelgroen kleur wat verdonker soos die olie verouder. Jenewerbessies is regdeur die geskiedenis aangewend as geur- en geneesmiddel. Jenewerplantmateriaal is reeds deur die antieke Egiptenare gebruik soos uit ou geskrifte blyk. Dit is deur die eeue tydens godsdienstige seremonies in tempels verrook. In Europa is jenewerbessies gebruik teen slangbyt, cholera, ingewandskoors en lintwurms, en is dit beskou as 'n middel wat bykans enige kwaal genees. Tot aan die begin van die eeu is jenewer in Franse hospitale verrook as ontsmettingsmiddel. In Duitsland word die jenewerboom gedurende Kerstyd gehuldig as die boom van die lewe. Jenewerolie word gebruik om die drankie jenewer te geur, asook in die maak van likeur. In die voedselbedryf word dit gebruik om vleis te geur.

Terapeutiese eienskappe

Antisepties, diureties, digestief, baarmoederstimulerend, antibakteries, krampwerend, hipoglukemies, kalmerend, sametrekkend, windafdrywend, senuweestimulerend, huidprikkelend, maagversterkend, wondhelend, versterkend, balsemend, sweetdrywend, bloedstelpend, wondhelend, klierstimulerend

Aanwending

Stress, rheumatic problems, use in toners & men's aftershave acne, antiseptic, cellulite

Uitwendige aanwending, massering, skoonheidsorg, aromatiese bad, stoominaseming, inaseming, voedselgeurmiddel, kompresse, diffusie, velsorg

- **Waarskuwing:** Jenewerolie is 'n baarmoederstimulant en moet vermy word tydens swangerskap. Vermy in die geval van nierskade. Langdurige gebruik in groot dosisse mag tot nierskade lei.

Kajapoetolie (Cajuput oil) *Melaleuca leucadendron*

Beskrywing

Die naam van dié aromatiese olie is afkomstig van die Maleise woord *kayu-*

puti, die naam wat aan die inheemse Maleise boom gegee is, en wat "wit boom" beteken na aanleiding van die wit boombas. Die bome kom ook voor in die Filippyne en die Molukke. In Maleisië en Java is kajapoetolie tradisioneel vir cholera en rumatiek gebruik. Kajapoetolie word onttrek uit die blomknoppe en blare van die boom. Dit het 'n groen kleur as gevolg van 'n lae koperinhoud en 'n sterk, deurdringende, kanferagtige geur. Die koperinhoud van die olie het 'n genesende uitwerking op die vel.

Terapeutiese eienskappe

Antisepties, pynstillend, krampwerend, insekwerend, parasietdodend, wondhelend, bloedsomloopstimulerend, koorswerend

Aanwending

Sitbad, uitwendige aanwending, massering, stoominaseming

* **Waarskuwing:** Kajapoetolie mag die vel irriteer – hou dus by lae konsentrasies.

Kamille-olie (Chamomile oil) *Chamomilla recutita/ chamaemelum nobile*

Beskrywing

Daar word verskillende soorte kamille-olie geproduseer. Die aanbevole aromatiese olies is afkomstig van die plante *chamomilla recutita,* ook genoem Duitse kamille, en *chamaemelum nobile* of Romeinse kamille. Die aromatiese olies hieruit het bykans dieselfde eienskappe. Ander kamille-olies het minderwaardige terapeutiese eienskappe en behoort nie in aromaterapie aangewend te word nie. Kamille-olie word onttrek deur vars kamilleblomme te distilleer. Duitse kamilleplante lewer 1 % aromatiese olie. Waar die olie van Romeinse kamille geel is, is die olie van die Duitse kamille donkerblou – te danke aan die hoë konsentrasie asulene wanneer dit onttrek word – en word later donkergroen. Die kamilleblomme van Romeinse kamille ruik na vars appels, vandaar die benaming *chamaemelum,* afkomstig van die Griekse woord *khamaimelon* wat "aard-appel" beteken. Kamille was 'n heilige kruid in Egipte en is verrook as offer aan die songod Ra. Dit is reeds in daardie tyd aangewend om 'n hoë koors te breek. In Europa is kamille 'n gewilde tee in restaurante. Kamille-olie word in die farmaseutiese bedryf aangewend. Kamille-olie is veral van groot waarde in die terapeutiese behandeling van kinders. As haaropknapper vir blonde hare is kamille ook baie gewild. Romeinse kamille word aanbeveel vir lewerstimulasie en is kalmerend en strelend. Duitse kamille word met goeie effek vir vrouekwale gebruik.

B: Terapeutiese beskrywing

Treat : PMS, colic, indigestion, acne, eczema, psoriasis, allergies, rashes

Terapeutiese eienskappe

Digestief, kalmerend, wondhelend, antisepties, teeninflammatories, krampwerend, koorswerend, teenkonvulsief, opheffend, diureties, lewerstimulerend, senuweestimulerend, maagversterkend, sweetdrywend, versterkend, baarmoederstimulerend, aromaties, ginekologies, narkoties, galdrywend, immunostimulerend

Aanwending

Massering, aromatiese bad, uitwendige aanwending, diffusie, skoonheidsorg, mondspoelmiddel, inaseming, stoominaseming, inwendig, kompresse

- **Waarskuwing:** Vermy die gebruik van kamille-olie tydens swangerskap aangesien dit baarmoederstimulerend is.

Kaneelolie (Cinnamon oil) *Cinnamomum zeylanicum*

Beskrywing

Kaneelolie word deur distillasie onttrek uit die bas en blare van dié plant wat in Sri Lanka, Java, Madagaskar en China groei. Die aromatiese olie is bruin en het die kenmerkende sterk, soet geur van kaneel. Kaneel is een van die oudste aromatiese plante en was 4 000 jaar gelede reeds 'n belangrike handelsitem tussen die Ooste en Egipte. Kaneel was een van die belangrikste geneesmiddels van die Grieke en Romeine. Hedendaagse navorsing het bewys dat kaneel eienskappe bevat wat die bloedsuiker reguleer. Kaneelolie word gebruik in die voedsel-, farmaseutiese, kosmetiese en parfuumbedryf.

Terapeutiese eienskappe

Antisepties, versterkend, lakserend, sweetdrywend, verwarmend, digestief, krampwerend, baarmoederstimulerend, hipoglukemies, parasietdodend, longversterkend, swamwerend, bloedsomloopstimulerend, sametrekkend, hartversterkend, stimulerend, afrodisies, antitoksies, balsemend

Aanwending

Stoominaseming, uitwendige aanwending, hand- en voetbad, kompresse, parfuum, massering, aromatiese bad, diffusie, voedselgeurmiddel

- **Waarskuwing:** Kaneelolie moet gedurende swangerskap vermy word omdat dit 'n baarmoederstimulant is. Moet dit ook nie in koorstoestande gebruik nie. In groot dosisse mag kaneelolie stuipe veroorsaak. Gebruik slegs in baie verdunde vorm op die vel, byvoorbeeld 'n 0,5 %-oplossing, aangesien dit velirritasie mag veroorsaak.

Kanferolie (Camphor oil) *Cinnamomum camphora*

Beskrywing

Die kanferboom is 'n stadig groeiende boom wat tot 30 meter hoog kan wees. Die bome kom voor in Formosa, Ceylon, China, Japan en Indië. Kanfer kom in al die plantdele van die boom voor, maar neem lank om te ontwikkel, en daarom word die bome eers na hul vyftigste jaar kommersieel gebruik. Kanferolie word deur middel van stoomdistillasie uit die takke van die boom onttrek. Die takke word gesny en gekook om die kanfer vry te stel, wat boontoe styg en dan solied word wanneer dit afkoel – die distillasie vind hierna plaas. Kanferolie is helder en het 'n skerp aroma.

Terapeutiese eienskappe

Antisepties, wurmdodend, opheffend, krampwerend, windafdrywend, diureties, koorswerend, hipertensief, lakserend, kalmerend, huidprikkelend, sweetstimulerend, wondhelend, hartversterkend

Aanwending

Stoominaseming, inaseming, massering, uitwendige aanwending

Kardemomolie (Cardamon oil) *Elettaria cardamomum*

Beskrywing

Kardemomolie word deur middel van stoomdistillasie uit die vrugte en sade onttrek. Kardemom kom voor in China, Indië, Sri Lanka en ander Midde-Oosterse lande. Die olie het 'n vars speserygeur, en dit kan gebruik word om die reuk van knoffel te neutraliseer. Kardemom is algemeen in die Oosterse geneeswyses gebruik en word ook deur die Griekse medici, Hippokrates en Dioscorides, in hul geskrifte genoem. Die belangrikste gebruik vir kardemom in hedendaagse Indië is as afrodisiese middel.

Terapeutiese eienskappe

Windafdrywend, digestief, stimulerend, senuweestimulerend, hartversterkend, diureties, versterkend, antisepties, krampwerend, afrodisies, maagversterkend

Aanwending

Massering, mondspoelmiddel, uitwendige aanwending, voedselgeurmiddel

Karwysaadolie (Caraway seed oil) *Carum carvi*

Beskrywing

Karwysaadolie is liggeel en word uit die sade van die vruggies gedistilleer. Die hele vrug met sade word voor distillering gemaal en lewer 6 % aromatiese olie. Karwy kom natuurlik voor in Asië, Indië, Noord-Afrika en alle dele van Europa, veral in die berge tot so hoog as 2 000 meter bo seevlak. Die antieke Egiptenare, Grieke en Romeine het karwy gebruik, en ook in die Middeleeue is dit in die kookkuns en geneeskunde gebruik – vir slegte spysvertering en verhoogde melkvloei. Karwysaadolie is veral effektief vir die behandeling van koliek by babas. Karwysaadolie is 'n bestanddeel van die likeur *Kummel* en ook van jenewer. Karwysaadolie word ook gebruik om brood, vleis, kaas, souse en atjar te geur.

Terapeutiese eienskappe

Antisepties, aromaties, digestief, windafdrywend, krampwerend, diureties, melkstimulerend, maagversterkend, parasietdodend, bitter, stimulerend

Aanwending

Uitwendige aanwending, massering, voedselgeurmiddel, likeur, aromatiese bad, skoonheidsorg, diffusie, kompresse, voedselgeurmiddel

Knoffelolie (Garlic oil) *Allium sativum*

Beskrywing

Die knoffelplant kom oorspronklik uit Indië en Sentraal-Asië, en is na Brittanje gebring deur die Romeine. Die Anglo-Saksiese naam *garleac* is saamgestel uit *gar* ("spies") en *leac* ("prei") – dus 'n prei wat soos 'n spiespunt gevorm is. Knoffelolie word uit die knoffelhuisies gepers. Die sterk reuk van knoffel kom van swaelverbindings en is verantwoordelik vir die kragtige terapeutiese werking van die olie. Knoffel is ten minste 5 000 jaar al in gebruik as 'n genesende plant. Selfs die ortodokse mediese wetenskap gee toe dat knoffel die vlakke van cholesterol in die bloed verlaag.

Terapeutiese eienskappe

Antisepties, antibioties, hoesdrywend, sweetdrywend, hipotensief, antiskleroties, teenallergies, parasietdodend, hipotensief, immunostimulerend, galafdrywend

Aanwending

Inwendig, massering, kompresse, uitwendige aanwending, voedselgeurmiddel

- **Waarskuwing:** Langdurige gebruik van sterk hoeveelhede knoffelolie kan 'n allergiese velreaksie veroorsaak.

Koljanderolie (Coriander oil) *Coriandrum sativum*

Beskrywing

Koljander is inheems in suidelike Europa en word aangeplant in die Verre-Ooste, Rusland, Spanje en Noord-Afrika. Die naam kom van die Griekse woord *koris* wat "insek" beteken omdat die saadjie ruik en lyk soos 'n sekere insek. Koljanderolie is liggeel met 'n soeterige reuk en word gedistilleer uit die vruggie. Ongeveer 1 % aromatiese olie word gelewer. Die antieke Egiptenare het koljander in grafkelders geplaas om die gestorwene se siel te bewaar gedurende rondswerwinge, en dit is vanaf omstreeks 3 000 jaar gelede as geneesmiddel aangewend, asook in die kookkuns. In die farmaseutiese bedryf word koljanderolie gebruik om die smaak van onaangename medisyne te verbeter.

Terapeutiese eienskappe

Antisepties, krampwerend, digestief, pynstillend, stimulerend, aromaties, maagversterkend, narkoties, klierstimulerend

Aanwending

Uitwendige aanwending, voedselgeurmiddel, aromatiese bad, massering, kompresse, skoonheidsorg, diffusie

- **Waarskuwing:** In sterk dosisse is koljanderolie bedwelmend.

Komynolie (Cumin oil) *Cuminum cymimum*

Beskrywing

Komyn kom inheems voor in Egipte en komynolie word geproduseer in Noord-Afrika en die Verre-Ooste. Liggeel aromatiese olie word uit die sade onttrek deur middel van stoomdistillasie. Komynolie het 'n aromatiese, anysagtige geur. Komyn is 'n tradisioneel Oosterse spesery en word in kerrie gebruik.

Terapeutiese eienskappe

Diureties, sweetdrywend, slymdrywend, krampwerend, wondhelend

Aanwending

Uitwendige aanwending, aromatiese bad, kompresse, voedselgeurmiddel

- **Waarskuwing:** Gebruik versigtig aangesien sterk dosisse komynolie velirritasie mag veroorsaak.

Kuskusgrasolie (Vetiver oil) *Vetiveria zizanoides*

Beskrywing

Kuskusgrasolie word deur die risome van die plant gelewer. Kuskusgras kom voor in Indië, Sri Lanka, Java, Reunion, die Comore-eilande en die Karibiese Eilande. Dit is ook vroeër naby Rustenburg in Suid-Afrika aangeplant vir olieproduksie. Die aromatiese olie is bruin, dik en taai met 'n sterk, houtagtige geur. Dit het 'n uitwerking op die voortplantingstelsel en op die ingewande. Hierdie aromatiese olie het 'n wonderlik kalmerende effek en staan bekend as die "olie van kalmte". Dit word gebruik as 'n basisnoot in parfuum en in die kosmetiekbedryf.

Terapeutiese eienskappe

Stimulerend, huidprikkelend, opheffend, kalmerend, versterkend, antisepties

Aanwending

Massering, uitwendige aanwending, diffusie, kompresse, aromatiese bad, parfuum, skoonheidsorg

Lavandinolie (Lavandin oil) *Lavandula fragrans*

Beskrywing

Lavandinplante is hibrides van laventel. Hoewel baie soortgelyk aan die oorspronklike aromatiese olie, het lavandinolie nie dieselfde kragtige werking van laventel nie. Lavandin word meestal in die veeartsenykunde gebruik.

Terapeutiese eienskappe

Antisepties, wondhelend

Aanwending

Diffusie, massering, uitwendige aanwending, aromatiese bad, kompresse

Laventelolie (Lavender oil) *Lavandula officinalis*

Beskrywing

Laventelolie word sonder twyfel uitgesonder as die veelsydigste aromatiese olie, waarsonder geen versameling volledig sal wees nie. Laventel kom oorspronklik van Persië, die Kanariese Eilande en die Middellandse Seegebied. Dit kom hedendaags regdeur Europa voor, maar die hoofprodusent van laventelolie is Frankryk. Die beste kwaliteit laventelolie word onttrek uit plante wat bo 1500 meter bo seevlak in die Alpe groei. Laventelolie word verkry deur middel van stoomdistillering van die blomme en is helder met 'n sagte, geelgroen skynsel. Die plantmateriaal lewer 3 % aromatiese olie van die oliekliertjies op die *calyx* of buitenste blaartjies van die blom. Laventelolie het 'n vars, skoon geur. Die naam laventel kom van die Romeinse woord *lavare,* wat beteken "om te was". Laventelolie word op groot skaal in die parfuumbedryf gebruik, in toiletartikels en in die farmaseutiese bedryf om onaangename reuke van medisynes te verbloem. Die wildelaventel word ook *asp lavender* genoem, aangesien dit die gif van slangbyt neutraliseer. In die Victoriaanse tye is laventel aangewend vir hartkloppings en floutes.

Terapeutiese eienskappe

Antiseptiese, wondhelend, kalmerend, balanserend, krampwerend, versterkend, antibakteries, pynstillend, windafdrywend, senuweestimulerend, galafdrywend, kiemwerend, bloedsomloopstimulerend, digestief, baarmoederstimulerend, antitoksies, reukwerend, wurmdodend, parasietdodend, sweetstimulerend, hartversterkend, insekverdrywend, opheffend, diureties

Aanwending

Direkte aanwending, diffusie, parfuum, aromatiese bad, uitwendige aanwending, inaseming, kompresse, skoonheidsorg, massering

- **Waarskuwing:** Laventelolie moet met groot omsigtigheid gedurende swangerskap gebruik word aangesien dit in groot dosisse baarmoederstimulerend is.

Lemmetjie-olie (Lime oil) *Citrus limetta*

Beskrywing

Lemmetjie-olie word grotendeels geproduseer in Florida (Sentraal-Amerika) en die Karibiese Eilande. Die olie word deur die kouedrukproses uit die skil van die vrug onttrek. Lemmetjie-olie is geelgroen en het 'n vars geur.

B: Terapeutiese beskrywing

Terapeutiese eienskappe

Antisepties, sametrekkend, immunostimulerend, versterkend, stimulerend, diureties, digestief, krampwerend

Aanwending

Massering, diffusie, uitwendige aanwending, skoonheidsorg, parfuum, kompresse, aromatiese bad

Litsea cubeba-olie (Litsea cubeba oil) Litsea cubeba

Beskrywing

Litsea cubeba staan ook bekend as *May Chang*. Dié geel aromatiese olie word in China geproduseer. Die hele plant word gedistilleer om hierdie vars, suurlemoenagtige aromatiese olie te produseer. Dit word as die topnoot in parfuum gebruik en in die kosmetiese bedryf.

Terapeutiese eienskappe

Reukwerend, antisepties, digestief

Aanwending

Diffusie, massering, kompresse, aromatiese bad, parfuum, skoonheidsorg

* **Waarskuwing:** Direkte aanwending mag velirritasie veroorsaak. Gebruik liefs 'n diffusietoestel of geurbrander.

Marjoleinolie (Marjoram oil) Origanum majorana

Beskrywing

Marjolein word feitlik wêreldwyd aangetref, maar is inheems aan Joegoe-Slawië, Hongarye, Iran en die Middellandse Seegebied. Marjoleinolie word geproduseer in Noord-Afrika, Spanje, Egipte en Hongarye. Die aromatiese olie word onttrek deur stoomdistillasie van die blomme, en het 'n spesery-agtige geur, maar bitter smaak. Marjoleinolie is liggeel, maar verander na bruin met veroudering. Marjolein is deur die antieke Egiptenare en Grieke aangewend vir skoonheidsorg en as medisyne, en is gedurende die Middeleeue na Brittanje geneem. Marjolein word tans gebruik vir die genesende effek daarvan en word dikwels in kos gebruik.

Terapeutiese eienskappe

Antisepties, pynstillend, afrodisies, krampwerend, versterkend, digestief, hart-versterkend, baarmoederstimulerend, hoesdrywend, lakserend, senuweestimu-lerend, wondhelend, vaatverwydend, galafdrywend, kalmerend, hipotensief, narkoties, anti-afrodisies

Aanwending

Massering, uitwendige aanwending, aromatiese bad, geurmiddel in kookkuns, diffusie, kompresse

- **Waarskuwing:** Vermy gedurende swangerskap aangesien marjoleinolie 'n baarmoederstimulant is. Marjoleinolie is bedwelmend in groot dosisse.

Mirre-olie (Myrrh oil) *Commiphora myrrha*

Beskrywing

Mirreplante kom voor in droë woestynareas in Iran, Somalië en Libië. Die dik, klewerige aromatiese olie word verkry deur distillasie van die hars of boomgom van die struik, en is van geel tot 'n diepgoue kleur. Die geur is aromaties en kanferagtig. Mirre is deur die eeue in godsdienstige seremonies gebruik, en is elke dag deur die Egiptenare oor die middaguur as 'n offergawe verrook. Hulle het dit ook in die balsemproses gebruik. Verder is mirre in huise verrook om van vlooie ontslae te raak, vir skoonheidsorg soos gesigmaskers en vir medisi-nale doeleindes. Die Grieke het mirre gebruik vir oorlogswonde. In China is mirre eeue lank reeds in gebruik, spesifiek vir wonde en om die bloedsomloop te stimuleer. Dit is ook deur die wyse manne uit die Ooste aan Jesus gegee as geskenk, en is aan die kruis vir Hom aangebied: "Hulle wou vir Hom wyn gee met mirre daarin, maar hy wou dit nie hê nie" (Markus 15:23). Mirre-olie word in die parfuumbedryf as 'n fikseermiddel gebruik, en ook in die kosmetiese bedryf.

Terapeutiese gebruike

Antisepties, balsemend, teeninflammatories, opheffend, immunostimulerend, wondhelend, swamwerend, sametrekkend, hoesdrywend, bloedsomloopstimu-lerend, insekwerend, baarmoederstimulerend, slymdrywend, krampwerend, teeninflammatories, maagversterkend, kalmerend, versterkend, stimulerend

Aanwending

Massering, uitwendige aanwending, mondspoelmiddel, gorrelmiddel, setpille, diffusie, kompresse, skoonheidsorg

- **Waarskuwing:** Mirre-olie is baarmoederstimulerend en moenie gedurende swangerskap gebruik word nie. Persone wat aan epilepsie en hoë bloeddruk ly, moet ook hierdie olie vermy.

Mirteboomolie (Myrtle oil) *Myrtus communis*

Beskrywing

Mirteboomolie word in Noord-Afrika geproduseer. Die aromatiese olie word deur stoomdistillasie uit die takke onttrek, en 'n geel olie met 'n vars geur word gelewer. Mirteboomolie is deur die antieke Grieke en Romeine aangewend vir respiratoriese toestande en urienweginfeksies. Vanaf die sestiende eeu is mirte-boomblare en -bloeisels vir skoonheidsorg aangewend.

Terapeutiese eienskappe

Antisepties, stimulerend, balsemend, slymdrywend

Aanwending

Aromatiese bad, diffusie, massering, kompresse, skoonheidsorg, inaseming, stoominaseming

Naeltjie-olie (Clove oil) *Eugenia caryophyllata*

Beskrywing

Naeltjie-olie word deur stoomdistillasie verkry van die blomknop van die naeltjieboom. Dit groei inheems in die Molukke, en die hoofprodusente van naeltjie-olie is Madagaskar, Indonesië, Zanzibar en die Molukke. Naeltjie-olie was vroeër 'n kosbare spesery en het selfs aanleiding gegee tot handelsoorloë. Naeltjie-olie is van die vroegste tye af bekend as pynstiller vir tandpyn.

Terapeutiese eienskappe

Antisepties, aperatief, krampwerend, teenkankerwerkend, windafdrywend, maagversterkend, pynstillend, versterkend, wondhelend, afrodisies, stimulerend, parasietdodend

Aanwending

Uitwendige aanwending, massering, diffusie, mondspoelmiddel, kompresse, aromatiese bad

Nartjie-olie (Tangerine oil) *Citrus reticulata*

Beskrywing

Nartjiebome kom oorspronklik van die Verre-Ooste. Dit kom ook voor in Spanje, China en Japan, maar die grootste produsente van nartjie-olie is Sisilië en Florida, VSA. Nartjie-olie het 'n soeter geur as lemoen. Nartjie-olie word met goeie effek vir die behandeling van kinders gebruik.

Terapeutiese eienskappe

Antisepties, lakserend, maagversterkend, bloedsomloopstimulerend, kalmerend, krampwerend, narkoties, limfstimulerend

Aanwending

Massering, diffusie, kompresse, uitwendige aanwending, aromatiese bad, hand- en voetbad

Neroli-olie (Neroli oil) *Citrus vulgaris*

Beskrywing

Die lemoenboom het sy oorsprong in China en die Indiese eilande, waar dit deur die eeue in skoonheidsorg gebruik is. Volgens oorlewering het 'n Italiaanse prinses, Anna-Marie de Nerola, in die sestiende eeu haar handskoene in die olies van die lemoenboomblomme geweek, en ook daarin gebad, en van daar het die olie glo bekend geword. Neroli-olie word verkry deur die bloeisels van die bitterlemoenboom te distilleer. Hierdie olie is baie duur omdat 1 ton blomme slegs 1 kg aromatiese olie lewer. Neroli word meestal deur middel van die enfleurage-metode onttrek, en soms deur middel van stoomdistillasie. Die hoogste graad olies kom van die Comores, Spanje, Italië, Tunisië en Suid-Frankryk. Neroli word in parfuum gebruik.

Terapeutiese eienskappe

Treat: insomnia, panic attacks, broken capillaries

Antisepties, senuweestimulerend, opheffend, bloedreinigend, bloedsomloopstimulerend, kalmerend, krampwerend, lakserend, afrodisies, digestief, reukwerend, versterkend, hipotensief

Aanwending

Massering, uitwendige aanwending, aromatiese bad, diffusie, kompresse, velsorg

- **Waarskuwing:** Neroli moet gedurende swangerskap vermy word aangesien dit 'n baarmoederstimulant is. Vermy die aanwending van neroli voor blootstelling aan die son, aangesien dit die vel vir ongeveer ses ure·ligsensitief maak.

Neutmuskaatolie (Nutmeg oil) *Myristica fragrans*

Beskrywing

Neutmuskaat is uit die Ooste afkomstig, en is gedurende die sestiende eeu deur Portugese seevaarders na Europa gebring. Neutmuskaatolie word geproduseer in Indonesië, Java en die Wes-Indiese Eilande. Die neute word gedistilleer om 'n kleurlose, aromatiese olie te lewer. Daar is bewyse dat dit sedert die sewende eeu n.C. in China vir medisinale doeleindes gebruik is, maar ons kan aanvaar dat dit reeds lank voor daardie datum aangewend is. Neutmuskaatolie word aangewend in die parfuumbedryf, in farmaseutiese produkte en op groot skaal in die vervaardiging van alkoholiese dranke.

Terapeutiese eienskappe

Antisepties, lakserend, digestief, krampwerend, aperatief, teeninflammatories, kalmerend, afrodisies, bloedsomloopstimulerend, senuweestimulerend, narkoties

Aanwending

Direkte aanwending (slegs vir tandpyn), massering, diffusie, aromatiese bad, kompresse, uitwendige aanwending, voedselgeurmiddel

- **Waarskuwing:** In groot dosisse is neutmuskaatolie bedwelmend en mag dit stuipe en hartkloppings veroorsaak. Moet nooit die aanbevole dosis oorskry nie.

Niaouli-olie (Niaouli oil) *Melaleuca viridiflora*

Beskrywing

Niaouli word gedistilleer uit die blare en jong takkies van 'n boom van die *melaleuca*-familie. Die olie het skakerings van geel en 'n sterk kanferagtige geur. Niaouli-olie word geproduseer in Madagaskar, Australië en Nieu-Caledon. In Frankryk word niaouli in hospitale gebruik as 'n ginekologiese ontsmettingsmiddel.

Terapeutiese eienskappe

Antisepties, weefselstimulerend, wurmdodend, balsemend, pynstillend, wondhelend

Aanwending

Inaseming, stoominaseming, uitwendige aanwending, diffusie, kompresse, aromatiese bad, massering

Olie van Spika (lavender Spike oil) *Lavandula spica*

Beskrywing

Olie van Spika kom voor in gebiede laer as 1000 meter bo seevlak. Dit word gebruik in die veeartsenykundige bedryf en as insekweerder.

Terapeutiese eienskappe

Antisepties, insekwerend

Aanwending

Uitwendig

Orego-olie (Oreganum oil) *Origanum vulgare*

Beskrywing

Orego-olie word deur stoomdistillasie uit die blomtoppe en blare onttrek en sowat 4 % aromatiese olie met 'n rooibruin kleur word gelewer. Die plant kom oorspronklik van die Middellandse Seegebied, en het veral naby die see 'n kragtige geur. Orego-olie word in Griekeland, Noord-Afrika en Spanje geproduseer. Die naam kom van die Griekse woorde *oros,* wat "berg" beteken, en *ganos,* wat "vreugde" beteken, omdat die plant so aantreklik is en aangenaam ruik. Griekse geneeskundige skrywers soos Hippokrates het orego se medisinale eienskappe hoog aangeskryf. In die vroeë tye is orego as strooikruid vir insekweerders en ontsmettingsmiddels gebruik. Orego-olie word algemeen in mond- en tandpreparate gebruik, en is 'n gewilde geurmiddel in kos.

Terapeutiese eienskappe

Antisepties, lakserend, baarmoederstimulerend, krampwerend, hoesdrywend, sweetdrywend, parasietdodend, versterkend, pynstillend, maagversterkend, teenviraal, antitoksies, wondhelend, stimulerend, huidprikkelend

Aanwending

Massering, uitwendig, gorrelmiddel, aromatiese bad, kompresse, diffusie, voedselgeurmiddel

- **Waarskuwing:** Vermy gebruik gedurende swangerskap. Sterk vermengings mag velirritasie veroorsaak. Gebruik met groot omsigtigheid.

Palmarosa-olie (Palmarosa oil) *Cymbopogon martini*

Beskrywing

Palmarosa-olie is 'n ligte, soet olie wat verkry word deur distillasie. Dié aromatiese olie is liggeel met 'n vars, roosagtige geur. Dit kom voor in Afrika, Indië, die Comore-eilande en Madagaskar. Palmarosa-olie word gebruik as middelnoot in parfuum, en in die kosmetiese bedryf.

Terapeutiese eienskappe

Antisepties, wondhelend, kalmerend, koorswerend, digestief, afrodisies

Aanwending

Skoonheidsorg, massering, aromatiese bad, kompresse, parfuum

Patsjoelie-olie (Patchouli oil) *Pogostemon patchouli*

Beskrywing

Patsjoelie is reeds eeue lank in gebruik in die volksgeneeskunde van Indië, Japan en Maleisië vir spysverteringsprobleme en koors, en as teengif vir slang- en insekbyte. Patsjoelie is vroeër in Indië gebruik om kledingstukke te geur en sodoende insekte te verdryf, byvoorbeeld die tjalies wat in die negentiende eeu na Brittanje uitgevoer is. Patsjoelie-olie word gedistilleer uit die droë, jong blare van die *Pogostemon patchouli* wat voorkom in Maleisië en die Seychelles, maar oorspronklik van Indië is. Tans is die hoofprodusent van patsjoelie-olie Indonesië. Die jong blare word gedroog en laat gis vóór distillasie. Ouer blare bevat geen aromatiese olie nie. Die aromatiese olie is donkerbruin, taaierig en vloeitraag, en het 'n sterk, blywende reuk. Patsjoelie-olie word dikwels as die basisnoot of fikseermiddel in parfuum gebruik.

Terapeutiese eienskappe

Antisepties, teeninflammatories, opheffend, afrodisies, reukwerend, kalmerend, stimulerend, versterkend, wurmdodend, insekwerend, wondhelend, narkoties, swamwerend

Aanwending

Uitwendige aanwending, parfuum, skoonheidsorg, direkte aanwending, massering, kompresse, diffusie, aromatiese bad

- **Waarskuwing:** Patsjoelie-olie mag beswymend wees in groot dosisse.

Pepermentolie (Peppermint oil) *Mentha piperita*

Beskrywing

Peperment kom oorspronklik van Europa, maar word ook kommersieel in die Verenigde State en Japan verbou, met die Verenigde State die grootste produsent. Die beste kwaliteit pepermentolie kom egter van Brittanje en Suid-Frankryk. Dié kleurlose aromatiese olie word deur stoomdistillasie uit die blare en blomtoppe van die plant verkry. Dit het 'n sterk, verfrissende-geur en smaak. Die antieke Egiptenare, Grieke en Romeine het peperment vir medisinale doeleindes aangewend. Pepermentolie word op groot skaal aangewend in die voedsel-, farmaseutiese en kosmetiese bedryf. Die aromatiese olie word ook in die maak van likeur gebruik. Inwendig geneem het pepermentolie dieselfde uitwerking as aspirien. Die olie bevat groot hoeveelhede mentol (50 %) wat dit 'n baie veelsydige middel maak.

Terapeutiese eienskappe

relieve headaches
Mental stimulant, colic (weak dilution ! to massage baby)
soothes stomach muscles — used as a digestive

Antisepties, krampwerend, digestief, sweetdrywend, slymdrywend, galafdrywend, pynstillend, sametrekkend, baarmoederstimulerend, hoesdrywend, koorswerend, senuweestimulerend, wurmdodend, parasietdodend, breinstimulerend

Aanwending

Kompresse, stoominaseming, inaseming, wasmiddel, massering, inwendig, skoonheidsorg, mondspoelmiddel, uitwendige aanwending, diffusie, kompresse, voedselgeurmiddel

- **Waarskuwing:** Pepermentolie moet gedurende swangerskap vermy word aangesien dit 'n baarmoederstimulant is. Dit moenie vir ononderbroke tydperke ingeasem word nie – dit mag irritasie van die slymvlies veroorsaak. Sterk dosisse op die vel mag velirritasie veroorsaak. Pepermentolie moet glad nie vir babas gebruik word nie.

Petitgrain-olie (Petitgrain oil) *Citrus biguarade*

Beskrywing

Die bitterlemoenboom kom oorspronklik van China en die Indiese Eilande. Dit groei tans ook in Suid-Frankryk, Spanje en Sisilië. Petitgrain-olie word deur stoomdistillasie uit die blare en nuwe uitloopsels verkry. Ongeveer 0,4 % van die plant word ná distillasie as aromatiese olie gelewer. Die olie word soms vervals en moet dus slegs by 'n betroubare handelaar gekoop word. Petitgrain-olie word gebruik in velsorgmiddels, parfuum en farmaseutiese ware, asook in die vervaardiging van likeur.

Terapeutiese eienskappe

Antisepties, digestief, reukwerend, stimulerend, krampwerend, opheffend, versterkend

Aanwending

Parfuum, skoonheidsorg, aromatiese bad, uitwendige aanwending, voedselgeurmiddel, massering, diffusie, kompresse

Pietersieliesaadolie (Parsley seed oil) *Petroselinum crispum*

Beskrywing

Pietersieliesaadolie word uit die ryp sade gedistilleer en ongeveer 7 % aromatiese olie word gelewer. Pietersielie is inheems in die Middellandse Seegebied. Die antieke Grieke het dit as heilig en medisinaal beskou, en die Romeine het dit eerste vir die geur van kos gebruik. Pietersielie het Brittanje in die sestiende eeu n.C. bereik. Die naam kom van die Griekse woorde *petra,* wat "rots" beteken, en *selinon* wat "seldery" beteken.

Terapeutiese eienskappe

Ginekologies, diureties, baarmoederstimulerend, maagversterkend

Aanwending

Massering, uitwendige aanwending, aromatiese bad, kompresse, voedselgeurmiddel

- **Waarskuwing:** Pietersieliesaadolie moet gedurende swangerskap vermy word aangesien dit 'n baarmoederstimulant is. In sterk dosisse mag dit toksies wees en bloeding en senuweeprobleme veroorsaak. Gebruik onder streng toesig.

Polei-olie (Pennyroyal oil) *Mentha pulegium*

Beskrywing

Polei is die kleinste van die mentsoorte en kom inheems regoor Europa en Asië voor. Polei-olie word in Spanje en Noord-Afrika geproduseer. Die Latynse naam *polegium* is afgelei van die woord *pulex* wat "vlooi" beteken, en dui op die effektiwiteit van polei om vlooie te verdryf. Die olie is geel of geelgroen en word uit die hele plant onttrek deur middel van stoomdistillasie. Die poleiplant lewer ongeveer 1 % aromatiese olie. Polei-olie word kommersieel aangewend in Duitsland en Frankryk.

Terapeutiese eienskappe

Antisepties, baarmoederstimulerend, krampwerend, stimulerend, sweetdrywend, insekwerend

Aanwending

Diffusie, massering, uitwendige aanwending, kompresse

- **Waarskuwing:** Polei-olie moet gedurende swangerskap vermy word aangesien dit baarmoederstimulerend is.

Pomelo-olie (Grapefruit oil) *Citrus paradisi*

Beskrywing

Pomelo-olie word meestal in die VSA geproduseer. Pomelo-olie word deur die kouedrukproses uit die skil van die pomelo onttrek en grootskaals in die parfuum- en voedselbedryf aangewend.

Terapeutiese eienskappe

Diureties, antisepties, stimulerend, limfstimulerend

Aanwending

Massering, uitwendige aanwending, kompresse, aromatiese bad

Rooitiemie-olie (Red thyme oil) *Thymus zygis*

Beskrywing

Rooitiemie-olie word deur middel van stoomdistillasie uit die blare en blomtoppe van die kruieplant onttrek. Egipte en die Middellandse Seegebiede is die hoofprodusente van hierdie olie, wat 'n warm, intense, speseryagtige geur het. Die farmaseutiese- en veeartsenykundige bedrywe maak op groot skaal gebruik van rooitiemie-olie.

Terapeutiese eienskappe

Stimulerend, antisepties, versterkend, pynstillend, huidprikkelend, opheffend, bloedsomloopstimulerend, insekwerend

Aanwending

Massering, diffusie, aromatiese bad, uitwendige aanwending, kompresse

- **Waarskuwing:** Rooitiemie-olie mag die vel irriteer in sterk dosisse.

Rooshoutolie (Rosewood oil) *Aniba roseaodora*

Beskrywing

Rooshoutolie word in Brasilië geproduseer deur distillasie van die opgekapte hout om 'n liggeel olie met 'n soet, houtagtige geur te lewer. Daar bestaan besorgdheid oor die groot aantal bome wat só vernietig word. Rooshoutolie word op groot skaal in die parfuumbedryf as 'n middelnoot aangewend.

Terapeutiese eienskappe

Wondhelend, opheffend, versterkend, kalmerend

Aanwending

Massering, diffusie, uitwendige aanwending, skoonheidsorg, aromatiese bad

Roosmarynolie (Rosemary oil) *Rosmarinus officinalis*

Beskrywing

Roosmarynolie is een van die oudste bekende aromatiese olies. Die hele plant word gedistilleer om die kleurlose olie te verkry en ongeveer 2 % aromatiese olie word gelewer uit die plantmateriaal. Oorspronklik uit die Middellandse Seegebied, waar dit vanaf seevlak tot so hoog as 1000 meter bo seevlak groei, het roosmaryn geleidelik na die noorde versprei, en is dit volgens oorlewering deur Edward II se vrou na Engeland gebring. Dit word hoofsaaklik in Spanje, Tunisië, Marokko en Suid-Frankryk verbou. Die Grieke en Romeine het roosmaryn as 'n heilige plant beskou en takkies daarvan in tempels en op altare van hul gode verbrand. Die Romeine het roosmaryn die "wierookboom" genoem. Die Latynse naam *rosmarinus* beteken "seedou".

Griekse studente het tydens eksamens roosmarynkranse op hulle koppe gedra om die verstand te stimuleer. Dit is ook algemeen in Brittanje gebruik en in die Middeleeue in siekekamers verrook. In Frankryk is verroking van roosmaryn selfs nog aan die begin van die twintigste eeu in hospitale toegepas. Roosmaryn was een van die bestanddele van die asyn van die vier rowers, asook een van die bestanddele van Hongaarse water, só genoem na koningin Elizabeth van Hongarye. Op die ouderdom van 72 was sy sieklik en feitlik 'n invalide, maar het volgens oorlewering die resep vir Hongaarse water van 'n engel ontvang. As resultaat van die gebruik van hierdie wondermiddel, het sy herstel en tot so 'n mate haar skoonheid teruggewin dat die koning van Pole met haar wou trou. Die oorspronklike resep van dié velwater is steeds te vinde in die biblioteek in Wenen, Oostenryk.

Roosmaryn besit die wonderlike vermoë om ná 'n beroerte-aanval beskadigde breinselle te herstel, en roosmarynolie is een van drie olies wat die verstand kan stimuleer (die ander twee is basielkruid en peperment). Eksperimente met 'n EEG het bewys dat roosmarynolie die brein meer betagolwe laat vorm. Dit het gevolglik wakkerheid van verstand en helder denke tot gevolg en is uitstekend vir eksamenmoegheid. Inaseming van die olie wakker die denkprosesse aan en verdryf moegheid. Roosmarynolie word tans gebruik in toiletpreparasies, parfuum en ontsmettingsmiddels.

Terapeutiese eienskappe

Antisepties, sametrekkend, digestief, senuweestimulerend, lakserend, diureties, bloedsomloopstimulerend, krampwerend, hartversterkend, galafdrywend, sweetdrywend, pynstillend, stimulerend, aromaties, huidprikkelend, kliersti-mulerend

Aanwending

Inaseming, massering, kompresse, skoonheidsorg, aromatiese bad, stoominaseming, diffusie, uitwendige aanwending, voedselgeurmiddel

- **Waarskuwing:** Roosmarynolie moet vermy word gedurende swangerskap en deur persone met hoë bloeddruk of epilepsie. In laasgenoemde geval kan 'n dosis hoër as die aanbevole verdunning selfs aanvalle veroorsaak. In groot dosisse is roosmarynolie toksies.

Roosolie (Rose oil) *Rosa damascena* en *centifolia*

Beskrywing

Die roos is oorspronklik afkomstig uit die Ooste, maar kom nou oraloor voor. Die roos is die eerste blom waarvan aromatiese olie kommersieel deur middel van distillasie onttrek is. Roosolie word geproduseer in Bulgarye, Marokko (die grootste produsent) en Turkye. Die beste roosolie vir terapeutiese gebruik is

95

Bulgaarse roosolie afkomstig van *Rosa damascena*. Roosolie is kleurloos tot geelgroen en baie dik. In koue weer moet dit verwarm word om vloeibaarheid te verkry. Roosolie is baie duur, omdat 200 kg roosblare slegs 1 kg olie lewer. Roosolie kan vervals word deur wildemalva-, sitronella- en sitroengras met 'n klein hoeveelheid roosolie te vermeng. Roosolie moet dus van 'n betroubare bron verkry word. Roosolie is sedert die vroegste dae om terapeutiese en estetiese redes gebruik. Bosse rose is in die grafkelder van Toetankamen gevind. Roosolie is ook deur die eeue deur Romeinse konings en keisers gebruik. Die Romeine het roosolie vir hondsdolheid gebruik en in die Ayurvediese geneeskunde word die roos algemeen as medisyne aangewend. Roosolie word op groot skaal aangewend in die parfuumbedryf, vir skoonheidsmiddels en in die farmaseutiese bedryf om 'n aangename geur en smaak aan preparate te gee.

Terapeutiese eienskappe

antidepressant, increases alertness, PMS

Senuweeversterkend, bloedsomloopstimulerend, longversterkend, opheffend, krampwerend, afrodisies, sametrekkend, digestief, galafdrywend, reinigend, hoeswerend, antisepties, viruswerend, nierversterkend, bloedstelpend, teeninflammatories, slymdrywend, baarmoederstimulerend, versterkend, lakserend, maagversterkend, ginekologies

Aanwending

Parfuum, skoonheidsorg, aromatiese bad, massering, uitwendige aanwending, kompresse, diffusie

• **Waarskuwing:** Vermy gebruik tydens swangerskap aangesien roosolie baarmoederstimulerend is.

Salie-olie (Sage oil) *Salvia officinalis*

Beskrywing

Salie-olie word gedistilleer uit die blare en blomme van die salieplant. Die belangrikste salie-olieprodusente is Frankryk, Spanje en Joegoe-Slawië. Salie is vanaf antieke tye bekend as medisinale middel. Die antieke Romeine het gesê: *Curmoriatur homo, sui salvia crescit in horto?* ("Waarom sal hy doodgaan – die mens wat salie in sy tuin groei?") Salie is algemeen aangewend om bevrugting te bewerkstellig.

Terapeutiese eienskappe

Antisepties, lakserend, krampwerend, sametrekkend, galafdrywend, stimulerend, versterkend, diureties, bloedsuiwerend, hipertensief, wondhelend, aperatief, sweetwerend, baarmoederstimulerend, hipoglukemies, klierstimulerend

Aanwending

Mondspoelmiddel, gorrelmiddel, kompresse, skoonheidsorg, aromatiese bad, massering, diffusie, uitwendige aanwending, hand- en voetbad

- **Waarskuwing:** Persone met hoë bloeddruk moet salie-olie vermy. Vermy gebruik gedurende swangerskap aangesien salie-olie 'n baarmoederstimulant is. Persone wat aan epileptiese aanvalle lei, moet salie-olie geheel en al vermy aangesien dit aanvalle kan veroorsaak. Salie-olie in groot dosisse of gebruik daarvan oor 'n lang tydperk is toksies.

Sandelhoutolie (Sandalwood oil) *Santalum album*

Beskrywing

Sandelhout is inheems aan die Oos-Indiese Eilande. Sandelhoutolie word verkry van regeringsbeheerde plantasies en distilleringsaanlegte in Indië, veral in Mysore. Vir terapeutiese doeleindes is die suiwer en kragtige sandelhoutolie verkry van Mysore verkieslik bo die goedkoper en minderwaardige Wes-Indiese sandelhoutolie. Sandelhoutolie word uit die binnehout van die stam onttrek deur middel van stoomdistillasie. Dié aromatiese olie is geelgroen met 'n speseryagtige soet geur. Die immergroen sandelhoutboom word nie onnodig afgekap nie, maar slegs wanneer dit weens ouderdom tekens van agteruitgang toon. Sandelhout is eeue lank al in gebruik in Indië – as parfuum, wierook en ook in die Ayurvediese geneeskunde. Sandelhout word ook genoem in die ou Chinese geneeskundige geskrifte. Dit word dikwels gebruik as die basisnoot of fikseermiddel in parfuum, en gee 'n houterige, soet, speseryagtige geur aan parfuum. Die geur van sandelhoutolie kom eers waarlik tot sy reg wanneer dit aan die vel gewend word. Sandelhoutolie word dikwels vervals en dit moet dus van 'n betroubare bron gekoop word.

Terapeutiese eienskappe

Antisepties, opheffend, slymdrywend, krampwerend, afrodisies, sametrekkend, windafdrywend, diureties, hoesdrywend, kalmerend, versterkend, lakserend, ginekologies

Aanwending

Inaseming, stoominaseming, massering, sitbad, aromatiese bad, uitwendige aanwending, diffusie, kompresse, hand- en voetbad, skoonheidsorg

Sassafrasolie (Sassafras oil) *Smilax officinalis*

Beskrywing

Sassafrasolie word verkry van die bas en wortels en soms die blare en blomme van 'n klein Noord-Amerikaanse boom. Die olie is geelrooi en het 'n sterk aromatiese geur. Die Amerikaanse Iroquois-Indiane het hierdie boom as heilig beskou en dit medisinaal aangewend.

Terapeutiese eienskappe

Antisepties, kalmerend, opheffend, diureties, antibioties, sweetdrywend, stimulerend, versterkend, maagversterkend, baarmoederstimulerend

Aanwending

Massering, aromatiese bad, kompresse, diffusie, hand- en voetbad

- **Waarskuwing:** Sassafrasolie moenie deur swanger vroue gebruik word nie.

Sederhoutolie (Cedarwood oil) *Cedrus atlanticus*

Beskrywing

Sederhout is afkomstig van Marokko en Algerië, van waar dit versprei het na Amerika, Libanon, Suid-Europa en die Ooste. Die hoofprodusent van sederhoutolie is Marokko. Die olie, wat deur stoomdistillasie uit die houtsaagsels onttrek word, het 'n stroperige, bruin voorkoms. Sederhout is in die antieke tyd gebruik om tempels te bou vanweë die heerlike geur van die hout, en sederhoutolie is deur die Egiptenare gebruik vir balseming. Dit is ook deur die eeue as medisyne aangewend en gebruik as teengif. Sederhoutolie word tans as fikseermiddel in parfuum gebruik.

Terapeutiese eienskappe

Antisepties, balsemend, versterkend, afrodisies, diureties, sametrekkend, digestief, hoesdrywend, stimulerend

Aanwending

Aromatiese bad, stoominaseming, massering, skoonheidsorg, parfuum, diffusie, uitwendige aanwending, kompresse

Selderysaadolie (Celery seed oil) *Apium graveolens*

Beskrywing

Selderysaadolie word uit die selderysaadjies gedistilleer en is kleurloos.

Terapeutiese eienskappe

Antisepties, rumatiekwerend, kalmerend, lakserend, hipotensief, digestief, anti-toksies, diureties

Aanwending

Massering, sitbad, hand- en voetbad, uitwendige aanwending, inwendig

- **Waarskuwing:** Vermy blootstelling aan die son indien selderysaadolie uit-wendig gebruik word, aangesien dit die vel ligsensitief kan maak en pigmen-tasie veroorsaak.

Sipresolie (Cypress oil) *Cupressus sempervirens*

Beskrywing

Sipresbome kom voor in die Ooste en al die Middellandse Seegebiede, en sipresolie word geproduseer in Frankryk, Spanje en Marokko. Die aromatiese olie word deur distillasie uit die blare, takkies en saadkeëls verkry. Dit is liggeel, met 'n sterk houtagtige geur. Die sipresboom staan ook bekend as die begrafnisboom, aangesien dit so dikwels om begraafplase aangeplant word. Sipreshout is deur die Egiptenare gebruik om sarkofaagkiste vir gebalsemde lyke te maak aangesien die hout feitlik nooit tot niet gaan nie. Sipresolie is deur die antieke Egiptenare, Grieke en Assiriërs as geneesmiddel gebruik.

Terapeutiese eienskappe

Antisepties, krampwerend, teenkankerwerkend, sweetwerend, sametrekkend, reukwerend, kalmerend, antitoksies, galdrywend, balsemend, bloedstelpend, insekwerend, bloedsomloopstimulerend, diureties

Aanwending

Uitwendige aanwending, massering, aromatiese bad, diffusie

Sitroengrasolie (Lemon grass oil) *Cymbopogon citratus*

Beskrywing

Hierdie aromatiese olie word verkry van 'n geurige eenjarige grasplant wat voorkom in Indië, Madagaskar, Tonkin, Indonesië, Brasilië, Afrika, die Antille, Sri Lanka en die Seychelle. Die grootste produsente is Indië, Sentraal-Amerika en Brasilië. Tradisioneel is sitroengras in Indië gebruik as medikasie teen koors, aansteeklike infeksies en cholera. Die hele plant word gedistilleer om die olies te lewer, en ongeveer 50 kg sitroengras lewer 1 kg sitroenolie. Sitroengrasolie het 'n vars, sterk suurlemoengeur en is geel tot rooibruin. Sitroengrasolie word gebruik om voedsel te geur, en op groot skaal in die kosmetiese en parfuumbedryf. Dit word ook in die veeartsenykunde gebruik.

Terapeutiese eienskappe

Parasietdodend, antisepties, versterkend, sametrekkend, insekwerend, reukwerend, digestief, versterkend, stimulerend

Aanwending

Aromatiese bad, uitwendige aanwending, massering, kompresse, diffusie, voedselgeurmiddel

- **Waarskuwing:** Gebruik in die voorgestelde dosis om velirritasie te voorkom.

Sitroenkruidolie (Melissa oil) *Melissa officinalis*

Beskrywing

Sitroenkruid word regoor Europa aangetref, en ook aangeplant as voedselbronne vir bye. Sitroenkruidblare word in byekorwe geplaas om wilde swerms bye te lok. Sitroenkruidolie is kleurloos tot liggeel, en het 'n heerlike suurlemoenagtige geur. Sowat 0,1 % tot 0,25 % aromatiese olie word uit die plantmateriaal onttrek. Die woord *melissa* is die Latynse woord vir heuningby. Dit is dan ook 'n plant wat bye in groot getalle trek, en daar word gereken dat sitroenkruid dieselfde terapeutiese eienskappe het as heuning. Sitroenkruid is deur die eeue gebruik vir angstigheid en depressie. Wees versigtig met die aankoop van sitroenkruidolie aangesien dit soms vervals word deur vermenging met suurlemoenolie of sitroengrasolie. Gedroogde sitroenkruidblare is 'n geurige toevoeging tot potpourri. Sitroenkruidolie word gebruik in bad- en kosmetiese middels.

Terapeutiese eienskappe

Antisepties, krampwerend, senuweestimulerend, hartversterkend, opheffend, kalmerend, digestief, lakserend, windafdrywend, insekwerend, sweetdrywend, maagversterkend, versterkend, teenviraal, immunostimulerend, wondhelend

Aanwending

Massering, aromatiese bad, uitwendige aanwending, kompresse, voedselgeurmiddel, parfuum, velsorg, diffusie

- **Waarskuwing:** Omdat sitroenkruidolie dikwels vervals word, mag die vervalste produk velirritasie veroorsaak.

Sitroenverbena-olie (Lemon verbena oil) *Lippia citriodora*

Beskrywing

Die sitroenverbena is inheems aan Chili en Peru, en sitroenverbena-olie word geproduseer in Suid-Frankryk en Noord-Afrika. Die aromatiese olie word deur stoomdistillasie uit die takke onttrek, en 'n geelgroen olie met 'n vars suur-lemoengeur word gelewer. Sitroenverbena-olie is skaars en word daarom dik-wels vervals. Hierdie olie word in die parfuumbedryf aangewend as 'n topnoot.

Terapeutiese eienskappe

Digestief, koorswerend, kalmerend, galafdrywend

Aanwending

Massering, aromatiese bad, diffusie, parfuum, kompresse, uitwendige aanwen-ding, aromatiese bad

Sitronella-olie (Citronella oil) *Cymbopogon nardus*

Beskrywing

Sitronella-olie word gelewer deur distillasie. *Cymbopogon nardus* kom voor in China, Maleisië, Sri Lanka en Sentraal-Amerika, en 1 kg liggeel olie word gelewer uit 100 kg van die oorspronklike plantmateriaal. Sitronella-olie het 'n skerp, vars geur. Hierdie olie word in die tradisionele Chinese geneeskunde teen rumatiek aangewend. Sitronella-olie word gebruik as topnoot in parfuum, as insekweerders en in ontsmettingsmiddels en toiletware. Muskiete kan verdryf word deur sitronella-olie in 'n brandende kers te drup.

Terapeutiese eienskappe

Antiseptiese, insekwerend

Aanwending

Diffusie, parfuum, skoonheidsorg

- **Waarskuwing:** Vermy direkte velkontak met die onverdunde aromatiese olie aangesien dit velirritasie mag veroorsaak.

Soetlemoenolie (Sweet orange oil) *Citrus auranthium*

Beskrywing

Die lemoenboom kom oorspronklik van China en Indië, en word tans ook aangetref in Spanje, Noord-Afrika, Kalifornië, Suid- en Sentraal-Amerika. Soet-

B: Terapeutiese beskrywing

lemoenolie word deur die kouedrukproses onttrek uit die buitenste deel van die skil van die vrug. Die olie is liggeel en het 'n sagte lemoengeur. Dit word wyd in die produksie van voedsel gebruik, en ook vir die maak van likeur. Dit is 'n gewilde bestanddeel van parfuum.

Terapeutiese eienskappe

Antisepties, kalmerend, pynstillend, krampwerend, koorswerend, opheffend, digestief, maagversterkend, hartversterkend, senuweeversterkend, hipotensief, limfstimulerend

Aanwending

Diffusie, massering, uitwendige aanwending, parfuum, geurmiddel in voedsel, velsorg, inwendig, stoominaseming, inaseming, kompresse, aromatiese bad

Suurlemoenolie (Lemon oil) *Citrus limonum*

Beskrywing

Die bome kom oorspronklik van noordelike Indië en het Griekeland bereik via Persië. Gedurende die vyfde eeu n.C. is dit ook in Italië aangeplant, en Sisilië is tans die hoofprodusent van suurlemoenolie. Dit word ook in Brasilië en Argentinië geproduseer. Ander produsente is Spanje en Portugal. Suurlemoenolie word met die hand deur die kouedrukproses onttrek – die aromatiese olies word op sponse uitgepers uit die buitenste deel van die skil van onryp vrugte. In Kalifornië en Florida word suurlemoenolie deur middel van meganiese metodes geproduseer. Die kleur van die olie is geelgroen. Om 1 kg suurlemoenolie te lewer, word meer as 1000 suurlemoene gebruik. Suurlemoenolie word vir parfuum gebruik, asook in die kosmetiese, farmaseutiese en voedselbedryf.

Terapeutiese eienskappe

Aperatief, antisepties, diureties, sametrekkend, bloedstelpend, huidprikkelend, stimulerend, windafdrywend, kalmerend, hartversterkend, immunostimulerend, krampwerend, lakserend, hipotensief, bloedversterkend, insekwerend, digestief

Aanwending

Inwendig, massering, direkte aanwending, diffusie, kompresse, aromatiese bad, skoonheidsorg, parfuum, voedselgeurmiddel

Swartpeperolie (Black pepper oil) *Piper nigrum*

Beskrywing

Swartpeper is inheems in Oos-Asië. Dit is een van die oudste bekende speserye, en is 4 000 jaar gelede al in Indië gebruik. Die antieke Grieke en Romeine was ook daarmee bekend. Gedurende die Middeleeue is swartpeper as betaaleenheid gebruik. Die swartpeperboom kan tot 7 meter hoog groei, maar word tot 4 meter beperk vir kommersiële doeleindes. Swartpeperolie word tans in Indië, Java, Sumatra en China geproduseer. Peperkorrels word gepluk voor dit ryp is en die olie word dan uit die korrels gedistilleer. Die aromatiese olie wissel van kleurloos tot 'n ligte amber kleur, en het die kenmerkende geur van peper.

Terapeutiese eienskappe

Afrodisies, antisepties, digestief, diureties, gifteenwerkend, huidprikkelend, koorswerend, krampwerend, lakserend, pynstillend, stimulerend, versterkend, windafdrywend, stimulerend, antitoksies

Aanwending

Massering, uitwendige aanwending

- **Waarskuwing:** Moenie die aanbevole terapeutiese dosisse oorskry of vir lang tydperke gebruik nie, aangesien swartpeperolie die niere kan beskadig.

Teeboomolie (Tea tree oil) *Melaleuca alternifolia*

Beskrywing

Die *melaleuca alternifolia* is inheems in Australië en gedeeltes van Nieu-Seeland. Die beste kwaliteit teeboomolie is afkomstig uit die Bungawalbyn Creek, Ballina-gebied in Nieu-Suid-Wallis. Die teeboom word van sy takke gestroop om die aromatiese olie te vervaardig, maar loop spoedig weer uit en herstel volkome. Aan die noordkus van Nieu-Suid-Wallis word die aromatiese olie in outydse stoomdistillasie-aanlegte uit die blare onttrek, waar houtvure nog die potte water verhit om stoom te vorm. Ongeveer 1 % kleurlose tot liggeel aromatiese olie met 'n sterk balsemende geur word gelewer. Die olie-inhoud van die bome is laer in die winter as in die somer, en die oes vind dus in die somer plaas. Die teeboom is gehard en bestand teen siektes, en die olie is sterk antisepties. Teeboomolie word gereken 'n olie te wees waarmee alle siektetoestande suksesvol behandel kan word. Tydens die Tweede Wêreldoorlog is teeboomolie ingesluit in die toerusting van soldate wat na die trope gestuur is, tot só 'n groot mate dat die bronne tydelik uitgeput geraak het. Teeboomolie irriteer nie die weefsels nie en is totaal nontoksies vir die mens, wat dit 'n geweldig veelsydige geneesmiddel maak.

[handwritten annotations: athlete's foot, corns, calluses, smelly feet: 5-10 drops to combat / and cold sores / tooth / to soothe insect bites, stings, cuts — undiluted / acne → dab undiluted oil on isolated pimples / sore throats, coughs, nasal & chest congestion / add diluted oil to bath to treat = urinary cystitis & Candida]

Terapeutiese eienskappe

Antiseptics, teenviraal, swamwerend, immunostimulerend, balsemend, hoesdrywend, slymdrywend, wondhelend, parasietdodend, reinigend

Aanwending

Direkte aanwending, inwendig, massering, kompresse, aromatiese bad, skoonheidsorg, setpille, diffusie

Tiemie-olie (Thyme oil) *Thymus vulgaris*

Beskrywing

Tiemie kom inheems voor in die Middellandse Seegebied. Tiemie-olie word gedistilleer uit die blomkoppe van die tiemiekruid, *Thymus vulgaris,* wat die gekweekte vorm is van die wildetiemie of *Thymus serpyllum.* Ongeveer 2,5 % aromatiese olie word uit die plantmateriaal verkry. Tiemie-olie is rooi of rooibruin en het 'n warm, speseryagtige geur. As gevolg van die teenwoordigheid van potensieel irriterende stowwe in die olie word die aromatiese olie twee keer gedistilleer om dit te verwyder. Die antiseptiese en preserverende eienskappe was aan die antieke Egiptenare bekend wat onder andere tiemie-olie vir die balsemproses gebruik het. Tiemie is reeds in die tyd van die Romeine gebruik, wat dit aanbeveel het as teengif vir slangbyt en hoofpyn, en dit ook verrook het om skerpioene te verdryf. Die uitwerking van tiemie-olie op die psige was ook bekend – die Romeine het dit vir dapperheid geneem, terwyl dit in Engeland gebruik is om skaamheid te behandel. Bye het 'n groot affiniteit vir tiemie. Tiemie word algemeen in die kookkuns gebruik, in die farmaseutiese en kosmetiekbedryf, en in die maak van die likeur Benedictine.

Terapeutiese eienskappe

Antiseptics, krampwerend, hoesdrywend, kiemdodend, sametrekkend, diureties, wondgenesend, afrodisies, digestief, swamwerend, immunostimulerend, baarmoederstimulerend, aperatief, antibioties, windafdrywend, hipertensief, maagversterkend, sweetdrywend, versterkend, stimulerend, wurmdodend

Aanwending

Massering, gorrelmiddel, uitwendige aanwending, aromatiese bad, kompresse, diffusie, voedselgeurmiddel

- **Waarskuwing:** Tiemie-olie moet vermy word gedurende swangerskap aange-sien dit 'n baarmoederstimulant is. Dosisse moet laag gehou word – wanneer tiemie-olie langdurig in baie sterk dosisse gebruik word, kan die skildklier oorstimuleer word.

Vinkelolie (Fennel oil) *Foeniculum vulgare*

Beskrywing

Vinkel kom inheems voor in die Middellandse Seegebied en Kaukasië, en in Brittanje op die seekranse by Wallis en Norfolk. Vinkelolie word kommersieel geproduseer in Spanje, Noord-Afrika, Japan en Indië. Die Latynse woord *foenum,* wat "hooi" beteken, dui op vinkel se geur wat herinner aan vars ge-snyde hooi. Vinkelolie word deur stoomdistillasie uit die vars sade onttrek, wat ongeveer 6 % olie bevat. Die olie is liggeel, en het 'n kenmerkende anysagtige geur. Die antieke Grieke en Romeine was goed bekend met vinkel. Dit is as ver-slankmiddel deur die Grieke gebruik. In die Middeleeue is die saad gekou om maaggeluide tydens godsdienstige byeenkomste te onderdruk. Die Chinese het dit aangewend vir die milt, niere en voortplantingstelsel. Vinkel word op groot skaal in die voedselbedryf aangewend.

Terapeutiese werking

Antisepties, lakserend, diureties, bloedsomloopstimulerend, digestief, kramp-werend, aromaties, hoesdrywend, melkstimulerend, aperatief, maagverster-kend, teenviraal, klierstimulerend

Aanwending

Massering, uitwendige aanwending, mondspoelmiddel, diffusie, kompresse, skoonheidsorg, aromatiese bad

- **Waarskuwing:** Vinkelolie is toksies vir kinders onder 6 jaar.

Wierookolie (Frankincense oil) *Boswellia carterii*

Beskrywing

Die plant *Boswellia carterii* word aangetref in Arabië en Noord- en Suidoos-Afrika. Eeue lank al word wierook gebruik in godsdienstige rituele, soos nou nog in kerke soos die Rooms-Katolieke en Anglikaanse kerke. Wierook was een van die geskenke wat die wyse manne aan die Jesuskind geoffer het, saam met goud en mirre – dit was in daardie tyd baie kosbaar. Die Egiptenare het wierook in verjongingsalwe gebruik. Hars word deur die plant afgeskei en versamel om gedistilleer te word. Die olie is kleurloos tot liggeel, en het 'n suurlemoenagtige

105

geur. Wierook word dikwels as die basisnoot in parfuum gebruik, en ook in die kosmetiese bedryf.

Terapeutiese eienskappe

Antisepties, versterkend, balsemend, sametrekkend, teeninflammatories, wondhelend, stimulerend, kalmerend

Aanwending

Aromatiese bad, diffusie, massering, kompresse, uitwendige aanwending, skoonheidsorg, parfuum

Wildemalva-olie (Geranium oil) *Pelargonium graveolens*

Beskrywing

Wildemalva kom oorspronklik van Afrika en het daarvandaan na Europa versprei. Wildemalva-olie word geproduseer in Reunion, Egipte, Marokko en die Comore-eilande. Die aromatiese olie is kleurloos tot liggroen, en het 'n sterk, soet, aangename geur. Wildemalva-olie word dikwels nageboots deur 'n vermenging van sandelhoutolie en sitronella-olie met 'n klein hoeveelheid wildemalva-olie en moet dus slegs van 'n betroubare handelaar gekoop word. Wildemalva-olie word aangewend in die parfuum- en kosmetiese bedryf.

Terapeutiese eienskappe *Anti-depressant, acne, to relieve fluid retention*

Wondhelend, bloedsomloopstimulerend, opheffend, immunostimulerend, sametrekkend, bloedstelpend, antisepties, hipoglukemies, klierstimulerend, insekwerend

Aanwending

Aromatiese bad, diffusie, uitwendige aanwending, massering, skoonheidsorg, kompresse

Wortelolie (Carrot oil) *Daucus carota*

Beskrywing

Wortelolie word deur stoomdistillasie uit die wortelsaad onttrek. Dit het 'n sterk geel kleur en 'n kenmerkende wortelgeur. Wortelolie word in Frankryk, Egipte en Indië geproduseer. Die antieke Grieke en Romeine het wortels as groente geken, en dit is gedurende die Elizabethaanse era Brittanje toe geneem deur Vlaamse vlugtelinge. Die geelwortel het 'n lang geskiedenis as geneesmiddel. Wortelolie is ryk aan die vitamien betakaroteen en daarom uiters effektief vir gebruik in velsorgprodukte. Hierdie olie mag in groter hoeveelhede by 'n basisolie gevoeg word, veral vir velsorgmiddels, maar nooit meer as 10 % van die totale hoeveelheid nie. Die sterk geel kleur van die olie kan die vel of klere vlek in 'n té hoë konsentrasie. In kleiner konsentrasies, byvoorbeeld 5 druppels per 50-mℓ-basis, is dit uitstekend vir gebruik rondom die nek- en oogareas.

Terapeutiese eienskappe

Wurmdodend, diureties, maagversterkend, digestief, pynstillend, baarmoederstimulerend

Aanwending

Uitwendige aanwending

- **Waarskuwing:** Oormatige gebruik van wortelolie mag toksies wees. Gebruik dit dus volgens die voorgestelde konsentrasies. Vermy gedurende swangerskap aangesien dit in groot dosisse 'n baarmoederstimulant is.

Wurmkruidolie (Tansy oil) *Tanacetum vulgare*

Beskrywing

Wurmkruid kom wild voor in Europa en Asië. Alle plantdele is aromaties, en het 'n kanferagtige geur wat veral opmerklik is wanneer die kruid gedroog word. Vars blomstele word gedistilleer om die aromatiese olie te lewer wat ongeveer 0,2 % tot 0,6 % van die oorspronklike materiaal uitmaak. Die naam *tanacetum* kom van die Griekse woord *athanatos* wat "onsterflikheid" beteken. Die antieke Grieke het geglo dat die inname van wurmkruid tot 'n lang lewe sou lei, vandaar die benaming. Wurmkruid is sedert antieke tye gebruik as insekweerder, om ingewandsparasiete by mens en dier te vernietig, en in die kookkuns vir geur en kleur. Wurmkruid was een van die bestanddele van die asyn van die vier rowers.

Terapeutiese eienskappe

Wurmdodend, baarmoederstimulerend, krampwerend, insekwerend, antisepties

Aanwending

Uitwendige aanwending, kompresse, massering

- **Waarskuwing:** Wurmkruidolie mag slegs onder streng toesig gebruik word. Die aromatiese olie is baarmoederstimulerend en moet deur swanger vroue vermy word. Groot dosisse kan brein- en nierskade veroorsaak.

Wynruitolie (Rue oil) *Ruta graveolens*

Beskrywing

Wynruit is inheems in Suid-Europa. Dit is sedert antieke tye as 'n geneesmiddel gebruik. Wynruit word gebruik om die heilige water te maak wat in die (Rooms-Katolieke) kerk voor aanvang van die misdiens gebruik word, vandaar die naam *Herb of Grace* (genadekruid). Wynruit was een van die bestanddele van die asyn van die vier rowers.

Terapeutiese eienskappe

Hipotensief, ginekologies, baarmoederstimulerend, koorswerend, wurmdodend, sweetdrywend, galafdrywend, kalmerend, krampwerend, maagversterkend, insekwerend

Aanwending

Aromatiese bad, kompresse, uitwendige aanwending, massering, diffusie, hand- en voetbad

- **Waarskuwing:** Wynruitolie is uiters gevaarlik. Hierdie aromatiese olie moet gedurende swangerskap vermy word aangesien dit baarmoederstimulerend is. Dit is toksies in sterk dosisse en kan sielsiekte veroorsaak.

Ylang-Ylangolie (Ylang-Ylang oil) *Unona odorantissimum*

Beskrywing

Ylang-Ylangbome kom oorspronklik van die Verre-Ooste, die Filippyne en Maleisië, maar word ook in Asië, die Seychelle, die Comore-eilande, Reunion, Madagaskar, Java, Sumatra, Tahiti en Indië aangetref. Die beste Ylang-Ylangbome groei in die Filippyne en Reunion, en in Manilla is die boom regdeur die jaar in blom. Die naam beteken "blom van blomme", verwysend na die eksotiese geur van die geel blomme. Ylang-Ylangolie word uit die blomme onttrek deur stoomdistillasie. Dit is 'n lang proses wat dae lank duur. Die dik, liggeel aromatiese olie het 'n uitsonderlike soet en aangename reuk. In Indonesië word dit op die huweliksnag op die bed gesproei, en in die Molukke word Ylang-Ylangolie gebruik vir vel- en skoonheidsorg en koors. Ylang-Ylangolie word gebruik as die basisnoot of fikseermiddel in parfuum.

Terapeutiese eienskappe

Antisepties, afrodisies, senuweestimulerend, opheffend, kalmerend, hartver-sterkend, hipotensief, versterkend

Aanwending

Aromatiese bad, parfuum, skoonheidsorg, massering, diffusie, uitwendige aan-wending, kompresse

- **Waarskuwing:** Gebruik Ylang-Ylang net volgens die voorgestelde konsen-trasies, aangesien langdurige gebruik van sterk dosisse naarheid en hoofpyn kan veroorsaak.

AFDELING

C

Liggaamstoestande

By die vermenging van aromatiese olies moet die volgende altyd in gedagte gehou word:

- Maak seker dat die gekose aromatiese olies veilig is vir die persoon vir wie dit aangewend gaan word – verwys altyd na die beskrywing en eienskappe van die aromatiese olies.

- Vermeng altyd die aromatiese olies vroegtydig en laat dit vir 'n tydperk van ten minste vier uur staan om sodoende 'n sterker sinergistiese reaksie te verkry.

- Al die aromatiese olies in die lysie aan die einde van elke beskrywing in hierdie afdeling kan as alternatiewe gebruik word tensy anders aangedui.

- Slegs die olies wat pertinent genoem word, mag inwendig ingeneem word – streng volgens die aanbevole dosis.

Aambeie

Maak die volgende sinergistiese mengsel:

> 5 druppels jenewer
> 5 druppels sipres

Gebruik 2 druppels van die mengsel in 'n wasbak warm water. Week 'n waslap daarin, droog dit uit en hou dit teen die geaffekteerde area, 3 tot 4 keer per dag. 'n Sitbad kan met louwarm water voorberei word. Voeg 3 druppels van die mengsel by en meng goed. Sit 10 tot 15 minute in die bad. Warm water kan bygevoeg word soos die water afkoel.

Alternatiewe

Gousblom, jenewer, mirre, patsjoelie, sipres, swartpeper, wierook, wildemalva

Aansteeklike siektes

Om te verhoed dat 'n aansteeklike siekte versprei, kan die huis en veral die siekekamer met die volgende mengsel behandel word:

> 20 druppels roosmaryn
> 20 druppels teeboom

Vermeng die olies en gebruik 6 druppels in 'n diffusietoestel, 2 druppels op 'n gloeilampring of meng 10 druppels in 'n spuitbottel met 50 mℓ water. Neem 1 druppel **teeboom** met 'n lepeltjie heuning twee maal per dag om die siekte se verloop te verhaas en simptome te verlig of te verhoed dat die sieke ander mense aansteek.

Alternatiewe

Bloekom, bonekruid, kamille, laventel, lavandin, mirteboom, naeltjie, peper-ment, rooitiemie, roosmaryn, sitroengras, teeboom, tiemie, wildemalva

Aarverkalking

Vir aarverkalking word die aromatiese olies deur middel van massering aangewend. Die volgende formule word gebruik:

> 20 mℓ olyf of sesam
> 4 druppels jenewer
> 8 druppels suurlemoen

'n Aromatiese bad sal ook effektief wees. Gebruik 5 mℓ van bogenoemde mengsel in 'n warm bad.

Inname van 1 eetlepel rou **sesam** per dag sal ook verkalking teenwerk. Meng dit in kos of gebruik as 'n slaaisous. Gebruik baie knoffel in slaaie en ander kos.

Alternatiewe

Jenewer, knoffel, roosmaryn, sesam, suurlemoen

Absesse

Laventel en **teeboom** kan direk aan 'n abses gewend word. Gebruik 1 tot 2 druppels van een of die ander. Doop 'n lap in warm water waarin 'n sinergistiese mengsel van 2 druppels **laventel** en 2 druppels **bergamot** gemeng is. Droog dit uit en plaas die warm kompres op die abses.

Aknee

'n Akneevel moenie behandel word met sterk chemiese middels wat die vel kan uitdroog of beskadig nie. Was soggens en saans met 'n suiwer seep soos Pears, wat sederhout- en tiemie-olie bevat. Maak 'n sinergistiese mengsel van:

2 druppels bergamot
2 druppels jenewer
4 druppels kamille

Voeg 2 druppels van die mengsel by 'n kom warm water en spoel die gesig hiermee af.

'n **Veltonikum** kan gemaak word deur die volgende bymekaar te voeg:

50 mℓ rooswater
25 mℓ hamamelis *(witch hazel)*
25 mℓ appelasyn
100 mℓ gedistilleerde water
2 druppels kanfer
3 druppels roosmaryn
2 druppels sederhout
3 druppels teeboom

Laat vir twee dae staan en filtreer dan deur 'n tregter wat met koffiefiltreerpapier uitgevoer is. Wend spaarsamig met die vingerpunte aan.

Vogroom vir die dag of nag kan soos volg gemaak word:

100 mℓ aalwyn of jojoba
3 druppels bergamot
3 druppels kamille
3 druppels patsjoelie

Vermeng die drie aromatiese olies en laat vir ten minste vier uur staan. Voeg die aromatiese mengsel by die aalwynolie. Wend 'n baie klein hoeveelheid direk na die tonikum aan 'n skoon vel. Laat intrek vir vyf minute en klad dan oortollige olie met 'n papiersakdoekie.

Ná die tonikum en vogroom word **teeboomolie** met die vingerpunte direk aan elke akneeknoppie aangewend. *Slegs teeboom mag direk aan die vel gewend word.*

Aangesien 'n akneevel baie sensitief is, is dit hoegenaamd nie raadsaam om skroprome en maskers te gebruik nie. Hierdie behandelings kan die vel net

meer ontsteek en beskadig. Geen ander middels moet op die vel gebruik word terwyl voorbereide aromatiese oliemengsels gebruik word nie.

'n Louwarm kompres kan ook lafenis bring. Week 'n waslap in die afspoelmengsel hierbo genoem, droog dit uit en plaas die louwarm, klam waslap op die gesig. Laat dit vir 'n paar minute of totdat dit afgekoel het.

Alternatiewe

Bergamot, groenment, jenewer, kajapoet, kamille, kanfer, laventel, mirre, niaouli, palmarosa, patsjoelie, peperment, petitgrain, roos, roosmaryn, sandelhout, sederhout, sitroengras, sitroenkruid, wildemalva, teeboom

Allergieë

Allergiese reaksies van die vel kan met 'n mengsel van 5 mℓ **aalwyn**, 5 mℓ **jojoba**, 1 druppel **kamille** en 1 druppel **laventel** gestreel word.

Amenoree

Kyk **Menstruasieprobleme**.

Angs

Angs en bekommernis kan die liggaam se inherente immuniteit verswak en tot lusteloosheid en depressie lei. Die volgende sinergistiese mengsel kan gebruik word om die liggaam te laat ontspan:

10 mℓ jojoba
2 druppels algoede
1 druppel kamille
1 druppel kuskus
2 druppels laventel

Gebruik 5 mℓ van die mengsel in 'n warm bad, of tik daarvan aan die polse soos parfuum. 'n Hand- of voetbad met 5 mℓ van die mengsel sal ook effektief wees. Die aromatiese mengsel sonder die jojoba kan ook gebruik word in 'n diffusietoestel of op 'n gloeilampring, of 2 druppels van die sinergistiese mengsel kan in die poeletjie was op 'n brandende kers gedrup word. Met slaaptyd kan 2 druppels van die sinergistiese mengsel op die kussing gedrup word.

Alternatiewe

Algoede, basielkruid, bensoïne-harpuis, kamille, kuskus, hisop, jasmyn, mirre, neroli, patsjoelie, petitgrain, polei, roos, rooshout, sederhout, sitroenkruid, teeboom, tiemie

Artritis en rumatiek

Enige vorm van rumatiekpyn baat by behandeling met aromatiese olies. Die volgende vermenging kan gebruik word:

30 mℓ soetamandel
8 druppels bloekom
2 druppels gemmer
8 druppels teeboom

Wend hiervan aan die aangetaste dele so dikwels as nodig. Die mengsel werk baie doeltreffend wanneer dit vóór 'n bad aan die aangetaste deel gewend word. Die hitte van die water verhoog absorpsie en bloedvloei na die area.

Alternatiewe

Bensoïne-harpuis, berkeboom, bloekom, bonekruid, dennenaald, dragon, gemmer, jenewer, kaneel, kanfer, karwy, kuskus, laventel, marjolein, orego, peperment, rooitiemie, roosmaryn, sassafras, sitroenkruid, suurlemoen, teeboom, tiemie

Asemhalingsprobleme

Aromatiese olies is hoogs doeltreffend in die behandeling van asemhalingsprobleme. Gebruik 'n diffusietoestel om die aromatiese olie te versprei, of wend dit direk aan die bors en rug. Stoominaseming en inaseming vanaf 'n kussing of papiersakdoekie sal ook verligting bied. 'n Baie kragtige sinergistiese formule word soos volg vermeng:

6 druppels bensoïne-harpuis
4 druppels bloekom
8 druppels teeboom

Verdun met 5 mℓ **soetamandel** vir aanwending as smeerolie of vir massering.

Alternatiewe

Bergamot, basielkruid, bloekom, dennenaald, elemi, jenewer, kajapoet, lavandin, mirre, mirteboom, naeltjie, niaouli, orego, roosmaryn, sandelhout, sederhout, sitroengras, sitroenkruid, teeboom

Asma

Al hoe meer kinders word deesdae as asmaties gediagnoseer as gevolg van lug- en waterbesoedeling, en chemikalieë in voedsel. Die basis van suksesvolle behandeling van 'n asmatiese kind is om *alle* voedsel wat chemikalieë bevat, uit die dieet te verwyder. Probeer om voedselsoorte so na as moontlik aan die natuurlike vorm te verskaf, met so min as moontlik verfyning.

Voeg 1 tot 3 druppels aromatiese olie by die badwater of drup dit op die bedkussing. 'n Smeermengsel kan ook gemaak word met 5 mℓ soetamandelolie waarby 1 druppel **bloekom** en 2 druppels **teeboom** gevoeg is. Smeer met slaaptyd oor die bors en rug. Die aromatiese olies kan ook deur middel van 'n diffusietoestel of lugbevogtiger in die slaapkamer versprei word.

Alternatiewe

Basielkruid, bensoïne-harpuis, bloekom, bonekruid, dennenaald, groenment, hisop, kajapoet, kamille, laventel, lemmetjie, marjolein, mirteboom, naeltjie, niaouli, orego, peperment, roosmaryn, salie, sipres, sitroenkruid, teeboom, tiemie

Blaasontsteking

Die pyn en ongerief van 'n blaasinfeksie kan baie effektief met aromatiese olies behandel word. Gebruik die volgende sinergistiese mengsel:

> 5 druppels bloekom
> 5 druppels jenewer
> 10 druppels kamille

Gebruik 3 tot 5 druppels van die mengsel in 'n sitbad of 'n warm aromatiese bad. 'n Kompres kan ook baie effektief oor die onderlyf gehou word. Maak ook 'n smeermengsel deur 3 druppels van bogenoemde mengsel by 1 teelepel soetamandelolie te voeg.

Alternatiewe

Bensoïne-harpuis, berkeboom, bloekom, dennenaald, jenewer, kajapoet, kamille, laventel, orego, rooitiemie, sandelhout, sederhout, wierook, teeboom

Bloedarmoede

Vir bloedarmoede kan die aromatiese olies deur massering of 'n aromatiese bad aangewend word. Die volgende formule is effektief:

> 10 druppels kamille
> 5 druppels rooitiemie
> 10 druppels suurlemoen

Voeg 3 druppels van die mengsel by 5 mℓ soetamandelolie vir massering. Vir 'n aromatiese bad word 3 druppels in die badwater gedrup. Een druppel suurlemoen kan ook ingeneem word saam met 'n teelepel heuning opgelos in 'n koppie louwarm water of in 'n koppie tee twee tot drie maal per dag. Suurlemoen stimuleer die absorpsie van minerale in die ingewande.

Alternatiewe

Kamille, koljander, komyn, laventel, lemmetjie, mirre, rooitiemie, salie, suurlemoen, teeboom, tiemie, wortel

Bloeding

Gebruik 1 tot 2 druppels aromatiese olie in 'n koppie water om bloeding te stop. Spoel die mond daarmee uit ná die trek van tande, of spoel 'n snyplek wat bloei daarmee af. Die sametrekkende werking van die aromatiese olies stop die bloeding. Plaas 1 tot 2 druppels onverdunde aromatiese olie op 'n papiersakdoekie en asem dit in vir neusbloeding.

Alternatiewe

Bloekom, gemmer, jenewer, kaneel, mirre, roos, sipres, suurlemoen, teeboom, wierook, wildemalva

Bloedsomloop

Bloedsomloopprobleme kan tot talle ander ongesteldhede aanleiding gee. Om bloedsomloop in die voete te verbeter, neem 'n voetbad met 'n mengsel van 2 druppels **roosmaryn** en 1 druppel **swart-peper**. Die voete kan ook gemasseer word met bogenoemde mengsel verdun in 5 mℓ **soetamandel**. Voeg 2 tot 3 druppels van enige van die alternatiewe aromatiese olies in die bad om die bloedsomloop te verbeter.

Alternatiewe

Bensoïne-harpuis, dennenaald, gemmer, hisop, jenewer, kaneel, kanfer, laventel, neroli, orego, rooitiemie, roos, roosmaryn, sipres, soetlemoen, suurlemoen, swartpeper, teeboom, tiemie, wildemalva

Borsklierontsteking

Kyk **Mastitis**.

Borste

'n Knop in die bors moet dadelik deur 'n dokter ondersoek word. Die volgende mengsel kan gebruik word om aan pynlike borste en 'n knop in die bors te smeer:

>30 mℓ druiwesaad
>5 druppels kamille
>5 druppels teeboom
>10 druppels wildemalva

Braking

Om braking te voorkom en te laat ophou, kan een of meer aromatiese olies op 'n papiersakdoekie gedrup word en ingeasem word.

Alternatiewe

Basielkruid, gemmer, groenment, kamille, kanfer, kardemom, laventel, neutmuskaat, peperment, polei, roos, san-delhout, suurlemoen, swartpeper, vinkel

Brandwonde

Drup **laventel** direk op brandwonde om die pyn te verlig en letsels te voorkom. Slegs **laventel** moet op hierdie manier aangewend word. Maak 'n verkoelende kompres deur steriele gaas te doop in water met 'n mengsel van 1 druppel **kamille**, 1 druppel **laventel** en 1 druppel **teeboom**. Hou die gaas deurentyd klam. Letsels gelaat deur brandwonde kan behandel word met 'n mengsel van 10 mℓ **aalwyn**, 10 mℓ **jojoba**, 3 druppels **bensoïne-harpuis**, 3 druppels **kamille** en 6 druppels **laventel**. Gebruik alternatiewe aromatiese olies slegs as bogenoemde nie beskikbaar is nie.

Alternatiewe

Bloekom, kanfer, kamille, lavandin, laventel, niaouli, patsjoelie, peperment, roosmaryn, teeboom, tiemie, wildemalva

Borsaandoenings

Borsaandoenings soos brongitis, longontsteking en emfiseem vereis die aandag van 'n dokter. Gebruik aromatiese olies om ortodokse behandeling aan te vul. Formule vir borsaandoenings:

>5 druppels bensoïne-harpuis
>10 druppels bloekom
>5 druppels hisop
>25 druppels teeboom

Gebruik 3 druppels van die mengsel in 'n warm aromatiese bad, in 'n diffusietoestel, of op 'n bedkussing. Vermeng 3 druppels van bogenoemde met 5 mℓ **soetamandel** om 'n insmeermiddel vir die bors te maak. Smeer beide die borskas en rug deeglik.

Alternatiewe

Basielkruid, bensoïne-harpuis, bergamot, bloekom, bonekruid, dennenaald, elemi, groenment, hisop, kajapoet, kamille, kanfer, laventel, lemmetjie, marjolein, mirre, mirteboom, naeltjie, orego, peperment, roosmaryn, salie, sandelhout, sederhout, sitroenkruid, soetlemoen, teeboom, tiemie, vinkel, wierook

Cholesterol

In hierdie geval kan aromatiese olies aangewend word deur middel van massering, 'n aromatiese bad, hand- en voetbaddens en diffusie. Gebruik ook 1 eetlepel rou **sesam** per dag in slaaie of ander kos. Sesam help om die cholesterolvlak te verlaag.

Alternatiewe

Anys, jenewer, knoffel, mirre, petitgrain, roosmaryn, suurlemoen

Depressie

Depressie word met baie groot sukses deur die aanwending van aromatiese olies beheer. Gebruik aromatiese olies in die bad, vir hand- en voetbaddens, massering en in 'n diffusietoestel. Wanneer die aromatiese olie by 'n jojobabasis gevoeg word, kan dit soos 'n parfuum aangewend word. 'n Baie kragtige sinergistiese formule is die volgende:

> 15 druppels algoede
> 5 druppels bergamot
> 10 druppels wildemalva

Gebruik 3 druppels van die mengsel in die bad of per 5 mℓ **soetamandel** vir massering. Voeg 3 druppels aromatiese mengsel by 5 mℓ **jojoba** en gebruik soos 'n parfuum.

'n Formule wat veral effektief is wanneer die depressie veroorsaak word deur 'n ander persoon of persone is die volgende:

> 5 druppels bensoïne-harpuis
> 20 druppels kuskus
> 5 druppels wildemalva

Hierdie mengsel verhoed dat ander persone jou persoonlike *lebensraum* (lewensruimte) indring en depressie veroorsaak.

Alternatiewe

Algoede, basielkruid, bensoïne-harpuis, bergamot, groenment, hisop, jasmyn, kanfer, laventel, lemmetjie, mirre, neroli, patsjoelie, petitgrain, roos, roosmaryn, salie, sandelhout, sassafras, sitroenkruid, soetlemoen, teeboom, tiemie, wildemalva, Ylang-Ylang

Dermatitis

Vir dermatitis en ander velaandoenings kan 'n sinergistiese mengsel gemaak word om in die bad te gebruik of lokaal aan te wend. Die beste basisolies vir velaandoenings is **aalwyn** en **jojoba**. Albei hierdie saadolies is strelend en genesend. Voeg die volgende mengsel by 50 mℓ van enige van bogenoemde basisolies:

> 10 druppels kamille
> 5 druppels laventel
> 5 druppels mirre
> 5 druppels teeboom
> 10 druppels wortel

Alternatiewe

Bensoïne-harpuis, groenment, hisop, jasmyn, jenewer, kajapoet, kamille, lavandin, laventel, *Litsea cubeba*, mirre, palmarosa, patsjoelie, peperment, salie, sassafras, sitroenkruid, soetlemoen, teeboom, wildemalva, wortel

Diabetes

Sekere aromatiese olies beskik oor die vermoë om bloedsuiker te verlaag en 'n positiewe effek op die verloop van suikersiekte te hê. Die gebruik van hierdie olies moet onder streng toesig geskied, aangesien bloedsuikervlakke gevaarlik kan daal. 'n Mengsel vir bad en massering kan soos volg gemaak word:

> 5 druppels jenewer
> 5 druppels roosmaryn
> 5 druppels suurlemoen
> 15 druppels wildemalva

Gebruik 2 tot 3 druppels van die mengsel vir 'n aromatiese bad en 3 druppels per 5 mℓ **soetamandelolie** vir massering.

Vir diabetiese gangreen word **teeboom** direk aan die aangetaste deel gewend, ten minste drie maal per dag. Slegs **teeboom** mag op hierdie manier aangewend word.

Alternatiewe

Bloekom, jenewer, kaneel, roosmaryn, suurlemoen, wildemalva

Diarree

Aromatiese olies kan op 'n papiersakdoekie gedrup word vir inaseming of deur middel van 'n diffusietoestel vrygestel word of oor die buikholte gemasseer word vir diarree. Gebruik die volgende sinergistiese mengsel:

> 2 druppels gemmer
> 5 druppels kamille
> 5 druppels laventel
> 8 druppels sandelhout

Meng 3 druppels van bogenoemde mengsel met 5 mℓ **soetamandel** en masseer dit oor die buikholte.

Alternatiewe

Basielkruid, bloekom, duisendbladboom, gemmer, kajapoet, kamille, kaneel, kanfer, laventel, mirre, nartjie, naeltjie, neroli, orego, peperment, roos, roosmaryn, sandelhout, sipres, soetlemoen, swartpeper, tiemie, vinkel, wildemalva

Duiseligheid

Vir floutes en duiseligheid kan aromatiese olies direk op 'n papiersakdoekie gedrup en ingeasem word. **Laventel** kan direk aan die polse gewend word.

Alternatiewe

Basielkruid, kamille, laventel, peperment, roosmaryn, swartpeper

Eelte

Maak 'n sinergistiese mengsel en wend dit direk aan die eelte. Die volgende formule is baie effektief:

> 25 druppels gousblom
> 5 druppels suurlemoen

Alternatiewe

Gousblom, kamille, suurlemoen, teeboom

Ekseem

Vir ekseem word 'n basis van 50 mℓ **kasterolie** geneem en met die volgende sinergistiese formule vermeng:

> 15 druppels kamille
> 10 druppels laventel
> 5 druppels sederhout

Alternatiewe

Bergamot, duisendbladboom, gousblom, jenewer, hisop, kamille, laventel, roos, roosmaryn, salie, sassafras, sederhout, sitroenkruid, wildemalva

Epilepsie

Soos met enige ander ernstige liggaamstoestand moet behandeling van 'n epileptiese persoon met aromatiese olies deeglik gemonitor word. Die volgende mengsel kan voorberei word en op verskillende maniere aangewend word:

> 50 mℓ druiwesaad
> 2 druppels basielkruid
> 15 druppels laventel
> 10 druppels nartjie

Gebruik 5 mℓ tot 10 mℓ hiervan vir massering, wend dit aan die polse soos 'n parfuum, of gebruik 5 mℓ in 'n aromatiese bad. 'n Druppel of twee **laventel** kan ook snags op die kussing gedrup word.

Alternatiewe

Anys, basielkruid, kajapoet, laventel, nartjie

Galblaasprobleme

Die volgende formule word aangewend vanaf die regterskouer tot by die middel, op die bors en op die rug:

> 50 mℓ soetamandel
> 15 druppels kamille
> 5 druppels laventel
> 5 druppels roosmaryn
> 5 druppels suurlemoen

Alternatiewe

Bergamot, bloekom, dennenaald, hisop, kamille, laventel, lemmetjie, peperment, roosmaryn, salie, suurlemoen, wildemalva

Geheue

Tydens die middeljare is 'n swakker wordende geheue een van die algemeenste klagtes. Enige van die aromatiese olies hieronder sal die geheue opkikker, maar die effektiefste aromatiese olies is **basielkruid, peperment** en **roosmaryn,** wat al drie die brein stimuleer. 'n Uitstekende aanwending is om 1 tot 2 druppels van die olie te drup op die boek of studiemateriaal waarmee gewerk word. Die resultaat is werklik merkwaardig!

Roosmaryn sal selfs in die geval van werklike geheueverlies goeie resultate toon.

Alternatiewe

Algoede, basielkruid, gemmer, jenewer, kaneel, naeltjie, peperment, petitgrain, roosmaryn, salie, suurlemoen

Griep

Aromatiese olies kan op talle maniere aangewend word om 'n griepaanval te verlig. 'n Basiese sinergistiese mengsel kan van die volgende olies gemaak word:

> 8 druppels duisendbladboom
> 10 druppels kamille
> 5 druppels peperment
> 2 druppels swartpeper
> 5 druppels teeboom

Hierdie mengsel is baie effektief in die beginstadium van griep. Gebruik 2 tot 3 druppels in 'n aromatiese bad, of in 'n diffusietoestel. Aanwending deur massering is ook effektief – veral vir pynlike spiere en die borskas – met 3 druppels aromatiese mengsel gevoeg by 5 mℓ **soetamandelolie**. Saans kan 2 tot 3 druppels van die mengsel op die bedkussing gedrup word, of 2 druppels kan by kookwater in 'n plastiekhouer gevoeg word vir inaseming. **Duisendbladboom** is veral effektief in die beginstadium van griep en kan die gang van die siekte verhaas.

Alternatiewe

Bensoïne-harpuis, bloekom, dennenaald, duisendbladboom, gemmer, hisop, kamille, kaneel, laventel, roosmaryn, sipres, sitroenkruid, suurlemoen, swartpeper, teeboom

Haarverlies

Haarverlies sal altyd 'n traumatiese ervaring wees. Om haarverlies te keer en nuwe groei te stimuleer, kan die volgende formule gebruik word:

> 50 mℓ vodka
> 20 druppels roosmaryn
> 8 druppels teeboom
> 2 druppels wortel

Verkoel in die yskas en masseer ten minste een keer per dag in die kopvel in.

Alternatiewe

Bensoïne-harpuis, bloekom, dennenaald, duisendbladboom, gemmer, hisop, kamille, kaneel, laventel, pepermnt, roosmaryn, sipres, sitroenkruid, suurlemoen, swartpeper, teeboom, tiemie

Halitose

Kyk **Slegte asem.**

Hardlywigheid

Die volgende formule kan aan die laebuikholte gesmeer word vir hardlywigheid:

> 10 mℓ soetamandel
> 4 druppels roosmaryn
> 2 druppels swartpeper

'n Mengsel van 2 eetlepels semels, 2 eetlepels sonneblomolie en 2 eetlepels melkpoeier kan elke aand voor slapenstyd geneem word. Voeg 1 druppel laventel by.

Alternatiewe

Basielkruid, laventel, marjolein, nartjie, neroli, roos, roosmaryn, swartpeper, vinkel

Hartkloppings

Die spanningsvolle lewe wat baie mense vandag lei, gee dikwels aanleiding tot hartkloppings en 'n gevoel van intense benoudheid. Gebruik 2 tot 3 druppels **laventel** direk op die polse om die spanning te verlig. Die volgende sinergistiese mengsel kan gebruik word:

> 5 druppels laventel
> 5 druppels sitroenkruid
> 2 druppels Ylang-Ylang

Hierdie formule kan gebruik word vir 'n aromatiese bad (2 tot 3 druppels), of 3 druppels kan gevoeg word by 5 mℓ **soetamandelolie** vir massering, of dit kan in 'n diffusietoestel gebruik word. Drup ook snags 2 druppels van die mengsel op die bedkussing.

Alternatiewe

Anys, laventel, mirre, neroli, pepermment, roosmaryn, sitroenkruid, sitroenverbena, soetlemoen, suurlemoen, Ylang-Ylang

Kyk ook **Spanning**.

Hartseer

Gebruik aromatiese olies vir hartseer in 'n diffusietoestel, op die bedkussing, in 'n aromatiese bad en vir massering.

Alternatiewe

Bensoïne-harpuis, hisop, jasmyn, nartjie, neroli, roos, rooshout, sitroenkruid

Herpes

Vir beide *Herpes simplex* (koorsblare) en *Herpes genitalis* (geslagsiekte) is **teeboom** 'n uitstekende geneesmiddel. Wend lokaal aan sodra die eerste tekens van herpes sigbaar word. Slegs **teeboom** mag direk aangewend word. Vermeng enige alternatiewe aromatiese olie met 5 mℓ basisolie.

Alternatiewe

Simplex: Bergamot, hisop, patsjoelie, suurlemoen, teeboom

Genitalis: Bergamot, patsjoelie, teeboom

Hik

Drup die aromatiese olie op 'n papiersakdoek en asem in vir hik. Indien die hikkery voortduur, kan 1 druppel **laventel** opgelos in 'n bietjie water of heuning ingeneem word.

Alternatiewe

Basielkruid, dille, dragon, laventel, sandelhout, suurlemoen, vinkel

Histerie

Gebruik **laventel** direk op die polse en slape. 'n Sinergistiese oliemengsel kan in die bad gebruik word, en in 'n **jojoba**-basis as 'n parfuum. Gebruik die volgende formule:

> 10 druppels algoede
> 10 druppels laventel
> 5 druppels nartjie
> 5 druppels soetlemoen

Gebruik 3 druppels van die mengsel in 'n aromatiese bad, of in 5 mℓ **soetamandel** vir massering. Drup 2 tot 3 druppels van die mengsel op die bedkussing saans of gebruik dit in 'n diffusietoestel.

Alternatiewe

Algoede, basielkruid, kajapoet, kanfer, laventel, marjolein, mirre, nartjie, neroli, peperment, polei, roosmaryn, soetlemoen

Hoë bloeddruk

Sekere aromatiese olies beskik oor die eienskap dat dit die bloeddruk kan verlaag. Gebruik hierdie olies onder streng toesig. Aromatiese olies kan in die bad gebruik word, vir 'n hand- of voetbad, vir massering of in 'n diffusietoestel. Gebruik die volgende formule:

> 10 druppels laventel
> 13 druppels soetlemoen
> 5 druppels suurlemoen
> 2 druppels Ylang-Ylang

Alternatiewe

Algoede, knoffel, laventel, marjolein, sitroenkruid, soetlemoen, suurlemoen, teeboom, Ylang-Ylang

Hoes

Die effektiefste manier om hoes teë te werk, is om die aromatiese olies deur middel van 'n diffusietoestel vry te stel. Die aromatiese olies kan ook in 'n aromatiese bad gebruik word, of direk op die bedkussing gedrup word. 'n Smeermiddel vir die bors en rug kan ook gemaak word. Gebruik die volgende formule:

> 5 druppels kamille
> 5 druppels mirre
> 15 druppels teeboom
> 5 druppels wierook

Voeg by 5 mℓ **soetamandel** vir massering, of voeg 2 tot 3 druppels by die bad.

Alternatiewe

Anys, basielkruid, bensoïne-harpuis, dille, gemmer, hisop, jenewer, kamille, kaneel, kardemom, laventel, mirre, orego, roos, roosmaryn, sandelhout, sederhout, sipres, swartpeper, teeboom, tiemie, vinkel, wierook

Hoofpyn

Laventel kan direk aan die polse of slape gewend word vir hoofpyn. Maak 'n sinergistiese mengsel van:

> 5 druppels kamille
> 10 druppels laventel
> 5 druppels roos

Voeg 2 tot 3 druppels by 'n aromatiese bad of drup 1 tot 2 druppels direk op die bedkussing. 'n Diffusietoestel kan ook gebruik word om die olies te versprei.

Alternatiewe

Kajapoet, kamille, kardemom, laventel, marjolein, peperment, roos, roosmaryn, rooshout, sitroenkruid

Hooikoors

Aanwending van die aromatiese olies geskied deur middel van inaseming hetsy met stoom of vanaf 'n papiersakdoekie. Die volgende sinergistiese mengsel kan gebruik word:

> 5 druppels bloekom
> 5 druppels peperment
> 20 druppels teeboom

Voeg 2 druppels van die mengsel by 'n plastiekbak gevul met kookwater. Vorm 'n tent oor die kop met 'n handdoek en asem in totdat die water koud is. Die mengsel kan ook direk op 'n papiersakdoekie of op die bedkussing gedrup word vir inaseming.

Alternatiewe

Bloekom, duisendbladboom, hisop, kamille, laventel, naeltjie, sipres, peperment, roosmaryn, suurlemoen, teeboom, wildemalva

Immuniteitsprobleme

Persone wat maklik vatbaar is vir infeksies kan met behulp van aromatiese olies die immuunsisteem stimuleer en versterk. Gebruik die aromatiese olies wanneer die gestel uitgeput is, en ook tydens 'n infektiewe siekte om die gang daarvan te verhaas. **Teeboom** kan direk ingeneem word, 1 druppel twee tot drie keer per dag in tee, of in louwarm water met 'n lepeltjie heuning. Slegs **teeboom** mag so gebruik word. Ander aromatiese olies kan deur inaseming vanaf 'n papiersakdoekie, stoominaseming, massering, hand- of voetbaddens en aromatiese baddens aangewend word. Maak 'n sinergistiese mengsel van:

5 druppels mirre
5 druppels roosmaryn
3 druppels suurlemoen
12 druppels teeboom

Meng met 50 ml **druiwesaad** om vir baddens of massering te gebruik. Drup direk op 'n papiersakdoekie of die bed-kussing vir inaseming, of drup 2 drup-pels van die mengsel in stomende water en asem in.

Alternatiewe

Bensoïne-harpuis, elemi, mirre, roos-maryn, suurlemoen, teeboom

Impotensie

Gebruik aromatiese olies in 'n warm, ontspannende bad. Die volgende siner-gistiese mengsel kan gebruik word:

10 druppels algoede
2 druppels kaneel
5 druppels sandelhout
3 druppels Ylang-Ylang

Moet onder *geen omstandighede* die aromatiese olies lokaal aanwend nie. Gebruik op die uiterste 3 druppels van die mengsel in 'n bad water.

Alternatiewe

Algoede, anys, gemmer, jasmyn, kaneel, naeltjie, neutmuskaat, peperment, roos, sandelhout, Ylang-Ylang

Indigestie

Kyk **Slegte spysvertering.**

Insekbyt

Wend **laventel** of **teeboom** onmiddellik aan enige bytplek om die gif te neu-traliseer. Die alternatiewe aromatiese olies hieronder kan gebruik word om 'n bytplek te was. Een druppel aromatiese olie word in 'n koppie louwarm water gedrup. Die bytplek kan hiermee gewas word en 'n kompres gemaak van die aromatiese water kan op die bytplek gehou word.

Alternatiewe

Algoede, basielkruid, kajapoet, knoffel, laventel, niaouli, patsjoelie, sassafras, sitroenkruid, suurlemoen, teeboom, tie-mie, Ylang-Ylang

Insekweerders

Aromatiese olies maak uitstekende non-toksiese insekweerders. **Laventel, sitro-nella** en **wildemalva** is kragtige muskiet-verdrywers, terwyl **peperment** lastige vlieë sal weghou. Drup die aromatiese olie op 'n bedkussing om snags mus-kiete weg te hou, en drup 'n paar drup-pels **peperment** op die tafeldoek om vlieë van die eettafel te verdryf. Hierdie metode is selfs buite effektief. Vir 'n buite-ete saans kan 1 tot 2 druppels aromatiese olie in die poeletjie warm was van 'n kers gedrup word. Die mus-kiete sal wegbly en die aromatiese geur sal kuiergaste bekoor. Wattebolletjies met aromatiese olie sal motte, vismotte en miere uit kaste verdryf en terselfder-tyd 'n heerlike geur aan linne en kle-dingstukke gee.

Alternatiewe

Basielkruid, laventel, olie van spika, pa-tsjoelie, rooitiemie, sederhout, sitroengras, sitroenkruid, sipres, sitronella, tee-boom, wildemalva, wurmkruid

Irritasie

Vir irritasie en 'n slegte humeur kan 'n strelende aromatiese bad wonderlike resultate lewer. Maak 'n sinergistiese mengsel van:

8 druppels kamille
5 druppels neroli
5 druppels roos

Voeg by 30 m*l* **druiwesaad** vir masse-ring, of 5 druppels van hierdie mengsel by 'n warm bad. Hierdie formule kan ook vir stoominaseming of in 'n dif-fusietoestel gebruik word.

Alternatiewe

Kamille, laventel, marjolein, neroli, roos, sipres

Jeuksiekte (*Scabies*)

Kinders doen hierdie uiters lastige en hoogs aansteeklike toestand dikwels by die skool op. **Laventel** kan direk aan die aangetaste dele gewend word. Verdun ander aromatiese olies 3 druppels tot 5 m*l* **soetamandel** voor gebruik.

Alternatiewe

Anys, bergamot, kaneel, lavandin, la-ventel, *Litsea cubeba*, naeltjies, peper-ment, roosmaryn, sitroengras, suur-lemoen

Jig

Vir hierdie pynlike en ongerieflike kwaal kan die volgende formule gebruik word:

5 druppels jenewer
5 druppels kanfer
5 druppels naeltjies
5 druppels roosmaryn

J

Voeg 3 druppels by 5 m*l* **soetamandel** en wend twee tot drie maal daagliks aan die aangetaste liggaamsdeel.

Alternatiewe

Basielkruid, bensoïne-harpuis, jenewer, kajapoet, kanfer, koljander, naeltjie, roosmaryn, sassafras, sitroenkruid, suur-lemoen, vinkel

Keelseer

Wend 'n paar druppels **laventel** direk uitwendig aan die keel, of gorrel met 'n koppie warm water waarby 1 tot 2 drup-pels **teeboom** gevoeg is. 'n Gorrelmiddel kan ook gemaak word met:

5 druppels bloekom
5 druppels mirre

Voeg 2 druppels van die mengsel by 'n koppie warm water as gorrelmiddel.

Alternatiewe

Algoede, bergamot, bloekom, bone-kruid, dennenaald, gemmer, hisop, laventel, mirre, niaouli, peperment, roos, sandelhout, sitroenkruid, suur-lemoen, teeboom, tiemie, vinkel, wilde-malva

Kilheid

Gebruik aromatiese olies vir massering en in die bad om kilheid teë te werk. Die volgende sinergistiese mengsel kan gemaak word:

10 druppels algoede
10 druppels roos
5 druppels Ylang-Ylang

Meng 3 druppels van die mengsel by 5 ml **druiwesaad** vir 'n badolie of vir massering.

Alternatiewe

Algoede, anys, dennenaald, jasmyn, neroli, patsjoelie, roos, sandelhout, Ylang-Ylang

Kinkhoes

Gebruik diffusie, massering, stoominaseming en aromatiese baddens as aanwendingmetodes. Die volgende formule kan gebruik word:

5 druppels hisop
10 druppels sipres
10 druppels teeboom
5 druppels tiemie

Gebruik 3 druppels van die mengsel in 'n aromatiese bad, drup direk op die bedkussing of gebruik in 'n diffusie-toestel. Meng met 5 ml **soetamandel** vir massering en wend drie keer per dag aan die borskas en rug.

Alternatiewe

Anys, basielkruid, hisop, kamille, kaneel, laventel, niaouli, pomelo, rooitiemie, roosmaryn, sipres, teeboom, tiemie

Kneusings

Wend **laventel** direk aan kneusings. Maak die volgende sinergistiese mengsel om deur middel van 'n koue kompres aan te wend:

10 druppels laventel
5 druppels vinkel
5 druppels wildemalva

Alternatiewe

Hisop, kanfer, laventel, marjolein, sitroengras, teeboom, vinkel, wildemalva

Koliek (Maagkrampe)

Wend die volgende mengsel oor die buikholte aan:

30 ml soetamandel
5 druppels algoede
5 druppels kamille
3 druppels peperment
5 druppels roosmaryn

Vir babas moet verkieslik net **dille, kamille,** of **neroli** gebruik word. Meng 1 druppel aromatiese olie met 5 ml **soetamandel** en wend dit aan die buikholte.

Alternatiewe

Algoede, bensoïne-harpuis, bergamot, dennenaald, dille, dragon, jenewer, kamille, kaneel, kanfer, kardemom, koljander, laventel, *Litsea cubeba*, marjolein, peperment, roos, roosmaryn, sandelhout, sitroengras, sitroenkruid, swartpeper, vinkel

Koors

Vir hoë koors kan die volgende sinergistiese mengsel voorberei word:

4 druppels duisendbladboom
10 druppels kamille
2 druppels peperment
2 druppels swartpeper

Gebruik 2 tot 3 druppels van die mengsel in 'n louwarm tot koel bad. Meng 3 druppels met 5 mℓ **soetamandel** vir 'n lyfsmeer of massering.

Alternatiewe

Basielkruid, bergamot, bloekom, duisendbladboom, gemmer, groenment, kamille, kanfer, mirre, peperment, salie, sitroengras, sitroenkruid, soetlemoen, swartpeper, teeboom

Koorsblare

Wend **teeboom** direk aan koorsblare sodra die eerste prikkeling gevoel word. Verdun die alternatiewe olies (3 druppels per 5 mℓ) met **druiwesaad** of **jojoba** voor aanwending.

Alternatiewe

Bergamot, bloekom, hisop, sitroenkruid, suurlemoen, teeboom

Kopluise

Maak die volgende sinergistiese mengsel en voeg dit by 100 mℓ sjampoe:

15 druppels bloekom
15 druppels laventel
30 druppels teeboom

Laat vir 'n paar minute aan die hare en spoel deeglik af. Herhaal daagliks tot die probleem opgelos is.

Alternatiewe

Anys, bloekom, gousblom, kaneel, laventel, orego, roosmaryn, sassafras, teeboom

Lae bloeddruk

Gebruik aromatiese olies in die bad of vir massering. Voeg 2 tot 3 druppels

roosmaryn by die badwater vir vinnige effek.

Alternatiewe

Kanfer, hisop, roosmaryn, salie

Laringitis

Wend **laventel** direk aan die keel vir laringitis. Die volgende mengsel kan ook aan die keel gewend word:

5 mℓ soetamandel
1 druppel bensoïne-harpuis
1 druppel laventel
1 druppel tiemie

Alternatiewe

Bensoïne-harpuis, kajapoet, laventel, sandelhout, sipres, suurlemoen, tiemie, vinkel, wierook

Lewerprobleme

Wend die volgende mengsel oor die regterkant van die bors aan om die lewer te stimuleer:

20 mℓ soetamandel
6 druppels kamille
6 druppels roosmaryn

Alternatiewe

Groenment, jenewer, kamille, peperment, roos, roosmaryn, salie, sipres, sitroenverbena, suurlemoen, wortel

Liddorings

Wend **gousblom** of **teeboom** direk aan liddorings.

Littekens

Die volgende sinergistiese mengsel sal

binne 'n kort tydperk littekens en pigmentasie verminder:

- 5 mℓ aalwyn
- 5 mℓ koringkiem
- 3 druppels bensoïne-harpuis
- 3 druppels laventel

Vir aanwending aan die gesig moet net 1 druppel van elke aromatiese olie gebruik word.

Alternatiewe

Bensoïne-harpuis, laventel, rooshout

Longontsteking

Maak 'n sinergistiese mengsel van:

- 5 druppels hisop
- 10 druppels teeboom
- 5 druppels tiemie

Voeg 3 druppels by 'n bad water, drup direk op die bedkussing vir inaseming of drup 2 druppels van die mengsel in 'n bak stomende water en asem in. Meng 3 druppels met 5 mℓ **soetamandel** en gebruik vir massering of om die bors en rug te smeer.

Alternatiewe

Dennenaald, hisop, kanfer, mirre, sederhout, suurlemoen, teeboom, tiemie

Maagkrampe

Kyk **Koliek.**

Mangelontsteking

Gebruik die volgende sinergistiese mengsel:

- 10 druppels kamille
- 10 druppels laventel
- 10 druppels teeboom

Gebruik 3 druppels van die mengsel in 'n kom warm water om 'n warm kompres vir die keelarea te maak, of 3 druppels per 5 mℓ **soetamandel** om die bors en rug mee in te smeer. Voeg 1 tot 2 druppels by 'n koppie warm water en gebruik as mondspoel- of gorrelmiddel, of gebruik die mengsel in 'n diffusietoestel.

Alternatiewe

Bergamot, gemmer, kamille, laventel, salie, suurlemoen, teeboom, tiemie, wildemalva

Masels

Maak 'n mengsel van:

- 4 druppels bloekom
- 6 druppels kamille
- 2 druppels naeltjie
- 4 druppels teeboom

Gebruik 2 tot 3 druppels in 'n kom water en spons die liggaam daarmee af. Voeg 3 druppels van die mengsel by 5 mℓ **jojoba** en wend aan die polse.

Mastitis (Borsklierontsteking)

Meng 3 druppels **wildemalva** en 5 mℓ **soetamandel** en wend lokaal aan. Voeg 3 druppels **wildemalva** by 'n kom warm water en maak 'n warm kompres om op die bors te plaas.

Menopouse

Vir verligting van die simptome van die oorgangsjare kan aromatiese olies in die bad, 'n diffusietoestel of vir massering gebruik word. Die volgende formule is geskik:

- 5 druppels algoede
- 5 druppels kamille
- 1 druppel salie
- 1 druppel Ylang-Ylang

Gebruik 3 druppels van die sinergistiese mengsel in die bad of op die bedkussing, of 3 druppels per 5 mℓ **soetamandel** vir massering. Voeg 3 druppels by **jojoba** en gebruik as 'n parfuum.

Alternatiewe

Algoede, jasmyn, kamille, laventel, salie, sipres, vinkel, wildemalva, Ylang-Ylang

Menstruasie – algemene probleme

Om menstruasievloei te reguleer, kan aromatiese olies deur diffusie, in die bad, hand- en voetbaddens, massering en met kompresse aangewend word. Maak 'n sinergistiese mengsel van:

    10 druppels laventel
    15 druppels roos
    5 druppels vinkel

Gebruik 3 druppels van die mengsel per 5 mℓ **soetamandel** vir massering, of wend aan die buikholte. Vir 'n warm kompres kan 2 tot 3 druppels by warm water gevoeg word.

Alternatiewe

Algoede, dragon, duisendbladboom, jenewer, laventel, marjolein, pietersieliesaad, peperment, polei, roos, roosmaryn, salie, sassafras, sipres, vinkel, teeboom

Menstruasie – amenoree

Die **oorslaan van maandstondes** (amenorie) gaan altyd gepaard met bekommernis en spanning en veroorsaak dikwels ongerief en ongemak. Om menstruasie te bewerkstellig, kan 'n aromatiese bad, kompresse, uitwendige aanwending of massering gebruik word.

Meng 30 mℓ **druiwesaad,** 6 druppels **algoede,** 6 druppels **kamille** en 6 druppels **laventel.** Wend ongeveer 5 mℓ van die mengsel aan oor die buikholte of voeg dieselfde hoeveelheid by die badwater direk voor 'n bad. Andersins kan 'n waslap of klein handdoek as kompres gebruik word – doop dit in warm water waarby 5 mℓ van die mengsel gevoeg is. Droog uit en plaas oor die buikholte. Herhaal sodra dit afgekoel het.

Alternatiewe

Algoede, basielkruid, bergamot, hisop, jenewer, kamille, kaneel, laventel, marjolein, mirre, orego, polei, salie, vinkel, wortel, wurmkruid

Menstruasiepyn

Vir pynlike menstruasie gebruik aromatiese olies in die bad, op kompresse of wend dit oor die buikholte aan. Gebruik die volgende formule:

    3 druppels anys
    3 druppels gemmer
    12 druppels kamille

Meng die mengsel met 30 mℓ **soetamandel** en gebruik 5 mℓ in 'n aromatiese bad of vir aanwending. Voeg 3 druppels van die mengsel by water vir 'n warm kompres.

Alternatiewe

Algoede, anys, dragon, gemmer, jenewer, kajapoet, kamille, marjolein, mirre, orego, peperment, polei, salie, sipres, tiemie

Migraine

Wend **laventel** direk aan die polse of drup 2 tot 3 druppels op 'n papiersakdoekie of kussing vir inaseming. Maak 'n sinergistiese mengsel van die volgende:

    8 druppels kamille
    8 druppels laventel
    2 druppels peperment

Gebruik 3 druppels van die mengsel in 'n aromatiese bad of gebruik vir inaseming.

Vir migraine as gevolg van slegte eetgewoontes kan 2 druppels **anys** verdun met 5 ml **druiwesaad** in die bad gebruik word, of voeg dit by water vir 'n kompres. Wanneer migraine deur slegte spysvertering veroorsaak word, meng 3 druppels **karwy** met 5 ml **soetamandel** en wend dit oor die buikholte aan.

Alternatiewe

Anys, basielkruid, gemmer, groenment, kamille, karwy, koljander, komyn, laventel, marjolein, peperment, roosmaryn, sitroengras, sitroenkruid

Kyk ook **Spanning** en **Slegte spysvertering.**

Moegheid

Kyk **Senu-uitputting.**

Mond- en tandvleisinfeksie

Gebruik 1 tot 2 druppels aromatiese olie in 'n koppie warm water as mondspoelmiddel vir infeksies. Indien tande getrek is, gebruik 2 druppels **gousblom** in 'n koppie warm water as mondspoelmiddel.

Alternatiewe

Gousblom, kamille, naeltjie, mirre, salie, sipres, teeboom, vinkel

Muskietbyte

Laventel of **teeboom** kan direk aan 'n muskietbyt gewend word om die gifstowwe te neutraliseer. Om muskiete te verjaag, meng:

    20 ml jojoba
    6 druppels laventel
    6 druppels wildemalva

Smeer die mengsel saans aan blootgestelde liggaamsdele. Drup **laventel, sitronella** of **wildemalva** op die kussings of beddegoed om muskiete snags te verdryf.

Alternatiewe

Basielkruid, lavandin, laventel, peperment, polei, sitroengras, teeboom, wildemalva

Naarheid

Drup 2 tot 3 druppels van enige van die alternatiewe aromatiese olies op 'n papiersakdoekie en asem in.

Alternatiewe

Basielkruid, dragon, gemmer, groenment, kardemon, laventel, neutmuskaat, peperment, polei, roos, rooshout, sandelhout, swartpeper

Naskeermiddel

Maak 'n heerlik verfrissende naskeermiddel van die volgende:

    10 ml appelasyn
    50 ml rooswater
    40 ml hamamelis (witch hazel)
    6 druppels kuskus
    6 druppels sederhout

Nie alleen is die geur verkwikkend nie, maar die inherente eienskappe van die aromatiese olies, veral **kuskus,** werk op 'n emosionele vlak om uitputting deur "moeilike" persone te voorkom! Indien 'n vogmiddel nodig is, voeg dieselfde aromatiese olies by 100 mℓ *Like Silk*-room of 'n soortgelyke ligte, neutrale velbevogtiger.

Alternatiewe

Dennenaald, kuskus, laventel, lemmetjie, sederhout, sitroengras

Neuralgie

Kyk **Senuweepyne.**

Niere

Maak 'n sinergistiese mengsel vir aanwending aan die rug vir nierprobleme en nierpyn:

> 30 mℓ soetamandel
> 10 druppels kamille
> 5 druppels hisop
> 3 druppels naeltjie

Indien 'n slymerige afskeiding voorkom, gebruik 2 druppels **berkeboom** in warm water vir 'n kompres en plaas dit op die niere.

Alternatiewe

Algoede, berkeboom, dennenaald, hisop, kamille, pietersieliesaad, suurlemoen, wildemalva

Nierstene

Gebruik 'n warm kompres of sitbad met aromatiese olies uit die lys alternatiewe.

Alternatiewe

Berkeboom, hisop, jenewer, vinkel, wildemalva

Omlope

Wend **teeboom** direk aan omlope. 'n Behandelingsolie kan ook gemaak word van 10 mℓ **jojoba** met die volgende aromatiese olies:

> 2 druppels kuskus
> 2 druppels teeboom
> 2 druppels wildemalva

Alternatiewe

Kuskus, patsjoelie, peperment, teeboom, wildemalva

Oorgewig

Gebruik aromatiese olies aanvullend tot 'n laevetdieet om van oortollige gewig ontslae te raak. Massering is die ideale manier om verslanking te stimuleer. Maak 'n sinergistiese mengsel van:

> 3 druppels anys
> 5 druppels pomelo
> 10 druppels vinkel

Voeg die mengsel by 20 mℓ **druiwesaad** vir massering en lokale aanwending. 'n Aromatiese bad kan geneem word met 5 druppels van die mengsel. Dit is ook voordelig om die vel te borsel direk voor so 'n aromatiese bad. Gebruik 'n borsel met sagte natuurlike hare, en borsel vanaf die hande en voete in die rigting van die hart – dit stimuleer die bloedsirkulasie en uitwerping van gifstowwe, en sal ook die absorpsie van die aromatiese olies bevorder.

Alternatiewe

Anys, berkeboom, lemmetjie, pietersieliesaad, pomelo, rooitiemie, roosmaryn, sandelhout, soetlemoen, vinkel Kyk ook **Selluliet.**

Oorpyn

Olies moenie direk in die oor gedrup word nie. Maak die volgende sinergistiese mengsel:

    4 druppels kajapoet
    2 druppels kamille

Meng met 20 mℓ **druiwesaad** en wend aan vanaf die oor, teen die nek af tot by die armholte. Gebruik drie maal per dag of meer indien die pyn erg is. Andersins kan die mengsel verhit word – doop 'n wattebolletjie daarin en plaas in die oor.

Alternatiewe

Bonekruid, kajapoet, kamille, suurlemoen, teeboom

Pitswere

Die beste resultate met pitswere sal bereik word deur 'n warm kompres op die sweer te plaas. Voeg 1 druppel **laventel** en 2 druppels **teeboom** by warm water en doop die kompres hierin.

Alternatiewe

Knoffel, laventel, niaouli, teeboom

Premenstruele spanning

Premenstruele spanning veroorsaak dikwels toestande soos humeurigheid, depressie en waterretensie. 'n Doeltreffende sinergistiese formule is die volgende:

    8 druppels kamille
    4 druppels vinkel
    6 druppels wildemalva

Gebruik 3 druppels van die mengsel in die bad, of voeg 3 druppels by 5 mℓ jojo-

ba vir massering of om aan die polse te wend soos parfuum. Gebruik ook in 'n diffusietoestel.

Alternatiewe

Jenewer, kamille, laventel, marjolein, neroli, sandelhout, sederhout, sipres, vinkel, wierook, wildemalva

Respiratoriese probleme

Kyk **Asemhalingsprobleme.**

Rumatiek

Kyk **Artritis.**

Selluliet

Selluliet is 'n probleem waarmee die meeste vroue sukkel. Om die gifstowwe wat die toestand veroorsaak, vry te stel, is die aanwending van aromatiese olies hoogs effektief. Om die effektiwiteit van die olies te verhoog, kan die vel voor aanwending geborsel word. Gebruik die volgende sinergistiese mengsel van aromatiese olies:

    6 druppels sipres
    8 druppels vinkel
    4 druppels wildemalva

Voeg 3 druppels van die mengsel by 'n warm bad, of meng 3 druppels met 5 mℓ **druiwesaad** vir massering of lokale aanwending.

Alternatiewe

Jenewer, laventel, orego, pomelo, rooitiemie, roosmaryn, sipres, suurlemoen, vinkel, wildemalva
Kyk ook **Oorgewig.**

Senu-uitputting

Vir senuwee-uitputting en moegheid kan aromatiese olies in 'n diffusietoestel aangewend word, of by die bad gevoeg word. Massering met die aromatiese olies lewer ook goeie resultate. Vir nuwe lewenskrag en vitaliteit, gebruik 'n sinergistiese mengsel van:

> 5 druppels laventel
> 10 druppels roosmaryn
> 10 druppels wildemalva

Voeg 3 druppels by die bad, of by 5 m*l* **soetamandel** vir massering.

Alternatiewe

Basielkruid, hisop, laventel, roosmaryn, sitroenkruid, wildemalva

Senuweepyne

Wend die volgende mengsel lokaal aan:

> 20 m*l* soetamandel
> 1 druppel naeltjie
> 1 druppel peperment
> 3 druppels roosmaryn
> 1 druppel swartpeper

Alternatiewe

Dragon, kajapoet, kamille, naeltjie, peperment, roosmaryn, sitroenkruid, swartpeper, teeboom

Sinus

Vir verligting van sinusprobleme, masseer die volgende mengsel liggies bokant die wenkbroue en op die wangbene om sinuspyn te verlig en dreinering te bevorder:

> 30 m*l* soetamandel
> 1 druppel naeltjie

> 1 druppel peperment
> 1 druppel teeboom

Alternatiewe

Basielkruid, bloekom, dennenaald, groenment, laventel, naeltjie, niaouli, peperment, teeboom

Skilfers

Vir die behandeling van skilfers, voeg die volgende aromatiese olies by 100 m*l* neutrale sjampoe:

> 20 druppels kamille
> 10 druppels patsjoelie
> 30 druppels teeboom

Gebruik daagliks totdat die probleem opgelos is.

Alternatiewe

Bloekom, jenewer, kamille, laventel, patsjoelie, roosmaryn, salie, sederhout, teeboom, Ylang-Ylang

Skok

Om die effek van skok teë te werk, drup tot 3 druppels aromatiese olie op 'n papiersakdoekie en asem in.

Alternatiewe

Kanfer, mirre, nartjie, neroli, peperment, roos, roosmaryn, sitroenkruid

Slaaploosheid

Gebruik 2 druppels aromatiese olie in 'n warm bad voor slaaptyd om 'n goeie nagrus te bevorder. Drup ook 2 druppels aromatiese olie op die kussing. Gebruik die olies in lae dosisse om stimulasie te voorkom. 'n Doeltreffende sinergistiese mengsel kan soos volg voorberei word:

    2 druppels kamille
    2 druppels laventel
    2 druppels sitroenkruid
    2 druppels Ylang-Ylang

Alternatiewe

Basielkruid, dille, jenewer, kanfer, kamille, laventel, marjolein, mirre, nartjie, neroli, roos, sandelhout, sitroenkruid, sitroenverbena, Ylang-Ylang

Slegte asem (Halitose)

'n Slegte asem is seker een van die onstellendste kwale. Dikwels weet 'n persoon nie waar die fout lê en hoe om dit te benader nie. Mondspoelmiddels van aromatiese olies is gelukkig baie effektief. Dit behandel nie net die simptoom (slegte asem) nie, maar ook die oorsaak, byvoorbeeld ontsteekte tandvleis of spysverteringsprobleme. Meng die volgende:

    50 mℓ vodka of gedistilleerde-
        water
    8 druppels laventel
    8 druppels mirre
    14 druppels teeboom

Spoel die mond twee maal per dag uit.

Alternatiewe

Anys, bergamot, kardemom, laventel, mirre, neutmuskaat, peperment, teeboom

Slegte spysvertering

Neem 1 druppel **peperment** in water of heuning. Moenie een van die ander alternatiewe olies inwendig inneem nie.

Maak 'n sinergistiese mengsel van:

    8 druppels kamille
    2 druppels peperment
    5 druppels suurlemoen
    3 druppels tiemie

Voeg dit by 30 mℓ **soetamandel** en wend oor die buikholte aan.

Alternatiewe

Algoede, anys, basielkruid, bergamot, bonekruid, dragon, gemmer, groenment, hisop, jenewer, kajapoet, kamille, kardemom, komyn, laventel, lemmetjie, *Litsea cubeba*, marjolein, mirre, nartjie, naeltjie, neutmuskaat, niaouli, orego, peperment, petitgrain, polei, pomelo, roosmaryn, sitroenkruid, soetlemoen, suurlemoen, swartpeper, teeboom, tiemie, vinkel

Sonbrand

Om sonbrand te voorkom, beskerm die vel met 'n mengsel van 10 mℓ **jojoba** en 10 mℓ **sesam**. Die sonbeskermingsfaktor is ongeveer 4. Indien sonbrand reeds plaasgevind het, kan **laventel** of **teeboom** direk aangewend word of die liggaam afgespoel word met water waarin 'n paar druppels van genoemde aromatiese olies opgelos is. Dit sal verhoed dat blase vorm en die vel afdop. 'n Strelende room kan gemaak word deur die volgende te vermeng:

    50 mℓ Aqueous-room
    10 druppels kamille
    15 druppels laventel
    5 druppels teeboom

Wend aan soveel keer as nodig om te verhoed dat die vel styf en seer voel. Vir sonsteek word **laventel** direk aan die polse gewend, en 'n koue kompres van

laventelwater op die voorkop en nek geplaas.

Sooibrand

Behandel sooibrand vinnig en effektief deur 2 druppels **suurlemoen** in kruietee of heuning in te neem.

Spanning

Om die liggaam te ontlaai van spanning, neem 'n aromatiese bad met 1 druppel **algoede** en 2 druppels **laventel**. Aromatiese olies kan ook in 'n diffusietoestel gebruik word, of direk op die bedkussing of 'n papiersakdoekie gedrup word vir inaseming. Gebruik hiervoor 'n lae dosis van 2 druppels aromatiese olie. Maak die volgende sinergistiese mengsel om soos 'n parfuum aan die polse te wend:

  10 ml jojoba
  1 druppel algoede
  2 druppels laventel
  2 druppels wildemalva
  1 druppel Ylang-Ylang

Alternatiewe

Algoede, basielkruid, bensoïne-harpuis, bergamot, kamille, kanfer, kuskus, laventel, marjolein, mirre, nartjie, neroli, petitgrain, roos, roosmaryn, salie, sitroenkruid, soetlemoen, sipres, wildemalva, Ylang-Ylang

Spatare

Spatare moet ten minste twee keer per dag liggies met 'n aromatiese oliemengsel gesmeer word. Moenie oor die are masseer nie. Die volgende mengsel is effektief met langdurige en gereelde gebruik:

  10 ml soetamandel
  4 druppels sipres
  2 druppels suurlemoen

Alternatiewe

Gousblom, sipres, suurlemoen, wurmkruid

Spierpyn

Vir seer, ooreisde spiere kan die volgende mengsel gebruik word:

  4 druppels jenewer
  4 druppels naeltjie
  2 druppels peperment
  4 druppels teeboom
  2 druppels swartpeper

Meng 3 druppels van bogenoemde mengsel met 5 ml **soetamandel** en wend lokaal aan.

Alternatiewe

Berkeboom, jenewer, kamille, koljander, laventel, marjolein, neutmuskaat, orego, roosmaryn, sassafras, sitroenkruid, swartpeper, teeboom, tiemie, naeltjie

Sport

Die gebruik van aromatiese olies voor sportdeelname kan prestasie verhoog, terwyl die gebruik daarvan ná sport uitgeputheid en spierpyn teëwerk. Wend die volgende mengsel voor sport aan spiere om besering te voorkom, suurstofbenutting in die spierweefsel te verhoog en soepelheid te bevorder:

  10 ml soetamandel
  4 druppels roosmaryn
  1 druppel swartpeper
  1 druppel teeboom

Na sport kan 3 druppels **sassafras** en/of **neroli** opgelos in 5 mℓ **soetamandel** gebruik word om die spiere te masseer.

Stuipe

Wend **kamille** of **laventel** direk aan die polse, of drup 3 druppels op 'n papiersakdoekie vir inaseming.

Swakheid

Vir swakheid as gevolg van uitputting, ouderdom of siekte kan die volgende sinergistiese mengsel gemaak word:

> 6 druppels laventel
> 6 druppels roosmaryn
> 6 druppels wildemalva

Gebruik 3 druppels van die mengsel in 'n bad water, of drup op die bedkussing of 'n papiersakdoekie vir inaseming. Dit kan ook in 'n diffusietoestel gebruik word. 'n Ligte massering kan gedoen word met 3 druppels van die mengsel per 5 mℓ **soetamandel**.

Alternatiewe

Bonekruid, kanfer, kardemom, komyn, laventel, naeltjie, rooitiemie, roosmaryn, salie, tiemie, wildemalva, wortel

Swere

Gebruik **laventel** of **teeboom** direk op swere, of drup dit op 'n warm kompres en plaas op die sweer. Kompresse kan ook met behulp van die alternatiewe aromatiese olies gemaak word, maar verdun dit voor gebruik deur 2 tot 3 druppels by 'n kom water te voeg.

Alternatiewe

Algoede, bergamot, gousblom, kanfer,

laventel, niaouli, naeltjie, salie, tiemie, wierook, wildemalva, wurmkruid

Tandpyn

Wend 1 druppel **naeltjie** direk lokaal aan met 'n wattepluisie. 'n Mengsel van 5 mℓ **soetamandel** en 2 druppels **kamille** kan ook aan die wang gesmeer word of 'n warm kompres kan gemaak word met 1 druppel aromatiese olie by 'n kom water gevoeg.

Alternatiewe

Dille, kamille, kanfer, naeltjie, neutmuskaat, peperment, swartpeper

Tandvleisprobleme

Teeboom kan direk aan tandvleisinfeksies gewend word. Dit smaak vreeslik sleg, maar is uiters doeltreffend! Maak 'n mondspoelmiddel van 'n koppie louwarm water waarby 1 tot 2 druppels aromatiese olie gevoeg word. Herhaal met kort tussenposes.

Alternatiewe

Gousblom, kamille, mirre, naeltjie, sipres, teeboom, vinkel

Urienretensie

Smeer die volgende mengsel aan die laerug en oor die blaas vir urienretensie:

> 10 mℓ soetamandel
> 2 druppels kanfer
> 4 druppels vinkel

Gebruik 5 mℓ van die formule in 'n sitbad.

Alternatiewe

Kanfer, swartpeper, vinkel

Urienwegprobleme

Gebruik die volgende sinergistiese formule vir urienweginfeksie:

3 druppels bloekom
3 druppels sederhout
3 druppels teeboom
3 druppels wierook

Voeg 2 tot 3 druppels by 'n sitbad, of 3 druppels by 5 mℓ **soetamandel** en wend oor die laerug en buikholte aan.

Alternatiewe

Bergamot, bloekom, dennenaald, hisop, jenewer, kajapoet, mirteboom, niaouli, sandelhout, sederhout, teeboom, wierook

Vaginale infeksies

Vaginale jeuk, sproei, afskeiding en infeksies kan baie suksesvol met aromatiese olies behandel word. Gebruik 2 tot 3 druppels aromatiese olie in 'n sitbad of maak setpille soos in Hoofstuk 8 beskryf. Die volgende sinergistiese formule is hoogs doeltreffend:

5 druppels kamille
5 druppels mirre
10 druppels teeboom

Alternatiewe

Algoede, bergamot, gousblom, kamille, mirre, roos, teeboom

Velaandoenings

Kyk **Dermatitis.**

Velsorg

Reiniging

Die verwydering van stof, grimering en sweet is noodsaaklik om die vel die geleentheid te gee om voort te gaan met die natuurlike selvormingsprosesse. Die volgende is 'n ligte reiniger wat geskik is vir alle veltipes:

50 mℓ druiwesaad
2 druppels sitroenkruid
3 druppels teeboom

Opknapping

'n Opknapmiddel verwyder die laaste spore van vuilheid en van die reiniger. Balanseer die suurgehalte van die vel met die volgende veltonikum:

100 mℓ gedistilleerde water
25 mℓ appelasyn
50 mℓ rooswater
25 mℓ hamamelis *(witch hazel)*
2 druppels laventel
5 druppels roos
3 druppels wildemalva

Meng die bestanddele en laat staan vir 48 uur. Gooi deur 'n koffiefiltreerder en bêre in 'n ondeursigtige bottel.

Bevogtiging

Gebruik 'n ligte, neutrale velroom soos *Like Silk* en voeg daarby 'n persoonlike keuse van aromatiese olies. Saadolies kan ook in klein hoeveelhede bygevoeg word, veral waar die vel droog en verwaarloos is. Gewone Aqueous-room sal die absorpsie van olies verhinder en is te swaar vir die gesig. Dit is egter aanvaarbaar vir ander dele van die liggaam.

Die volgende basiese formule kan gebruik word:

100 mℓ neutrale velroom
10 mℓ druiwesaad
10 mℓ jojoba (sonskerm)
5 ml nagkers
4 druppels laventel
4 druppels roos

4 druppels wildemalva
5 druppels wortel

Vir 'n sensitiewe vel moet die **laventel** en **wildemalva** deur slegs 4 druppels **gousblom** vervang word.

Nagroom

'n Nagroom kan vermeng word deur *Newtons Cocoa Butter* as basis te gebruik. Voeg die volgende by 100 m*l* basisroom:

5 m*l* avokado
5 m*l* koringkiem
5 m*l* nagkers
3 druppels mirre
5 druppels roos
5 druppels wortel
2 druppels Ylang-Ylang

Weereens moet die **mirre** en **Ylang-Ylang** vir 'n sensitiewe vel deur 3 druppels **gousblom** vervang word.

Dagroom

'n Doeltreffende oogroom, wat plooie en pofferigheid teëwerk, kan gemaak word van 100 m*l* *Newtons Cocoa Butter Winter Formula*, waarby die volgende gevoeg word:

5 m*l* haselneut
5 m*l* nagkers
2 druppels roosmaryn
3 druppels suurlemoen
3 druppels vinkel
5 druppels wortel

Vir alternatiewe olies vir spesifieke veltoestande verwys na die kruisverwysingstabelle in Afdeling D.

Verkoue

Aromatiese olies kan op talle maniere gebruik word om die simptome van verkoue te verlig. Gebruik dit in 'n diffusietoestel of deur stoominaseming, 'n aromatiese bad, massering of direk op 'n papiersakdoekie of bedkussing vir inaseming. Die volgende basiese formule kan gebruik word:

4 druppels bloekom
1 druppel duisendbladboom
1 druppel gemmer
6 druppels teeboom

Voeg 2 tot 3 druppels by badwater of 5 m*l* **soetamandel.** Drup 3 druppels op 'n papiersakdoekie of bedkussing vir inaseming of 1 tot 2 druppels in 'n skottel stomende water.

Alternatiewe

Basielkruid, bloekom, duisendbladboom, hisop, kaneel, kanfer, laventel, marjolein, mirre, peperment, polei, roosmaryn, sitroenkruid, soetlemoen, swartpeper, teeboom

Verstuiting

Etlike druppels **laventel** kan direk aan 'n verstuiting gewend word. Maak ook 'n koue kompres met **laventel** en draai om die verstuiting. Die ander aromatiese olies moet voor gebruik verdun word in water of **soetamandel** vir 'n smeermiddel. Gebruik 3 druppels aromatiese olie per 5 m*l* **soetamandel.**

Alternatiewe

Bloekom, kanfer, laventel, roosmaryn, teeboom

Virussiektes

Gebruik aromatiese olies om die gang van virussiektes te verhaas en verspreiding van die virus na ander persone te beperk. Neem 1 druppel **teeboom** in 'n koppie warm water, twee maal per dag. Die alternatiewe aromatiese olies moenie inwendig gebruik word nie, maar kan in 'n diffusietoestel, aromatiese bad of deur stoominaseming gebruik word. Drup ook direk op 'n papiersakdoekie of bedkussing vir inaseming.

Alternatiewe

Orego, roosmaryn, sitroenkruid, teeboom, vinkel

Vloeistofretensie

Gebruik aromatiese olies in die bad, vir massering en lokale aanwending. Die volgende sinergistiese formule is hoogs effektief:

> 5 druppels pomelo
> 3 druppels sipres
> 10 druppels vinkel

Voeg 3 druppels by 'n warm bad, of by 5 ml **soetamandel** vir massering of aanwending.

Alternatiewe

Berkeboom, gemmer, jenewer, koljander, komyn, laventel, lemmetjie, nartjie, patsjoelie, petitgrain, pomelo, sipres, soetlemoen, suurlemoen, vinkel, wortel

Voetskimmel (Athlete's foot)

Maak die volgende sinergistiese mengsel:

> 8 druppels patsjoelie
> 2 druppels roosmaryn
> 8 druppels teeboom

Meng met 20 ml **soetamandel** en wend dikwels aan die aangetasde dele. Gebruik 3 druppels van die sinergistiese mengsel in 'n voetbad.

Alternatiewe

Litsea cubeba, orego, patsjoelie, roosmaryn, sitroengras, teeboom

Vratte

Die volgende mengsel kan gereeld aan vratte gewend word:

> 20 ml appelasyn
> 10 druppels suurlemoen
> 10 druppels teeboom

Waterpokkies

Wend **teeboom** direk aan die letsels soos dit verskyn. **Teeboom** verlig die koors, branderigheid en jeuk en verhaas die gang van die siekte. Neem 1 druppel **teeboom** in 'n koppie warm water twee tot drie maal per dag.

Winderigheid

Vir winderigheid kan 1 druppel **peperment** in 'n koppie water geneem word. Meng 3 druppels van die alternatiewe aromatiese olies per 5 ml **soetamandel** en gebruik as smeermiddel.

Alternatiewe

Algoede, anys, bergamot, dragon, duisendbladboom, gemmer, hisop, jenewer, kaneel, kanfer, kardemom, karwy, koljander, komyn, laventel, Litsea cubeba, marjolein, mirre, naeltjie, neutmuskaat, peperment, polei, roosmaryn, sitroenkruid, soetlemoen, swartpeper, teeboom, vinkel

Wintertone

Wend **laventel** direk aan wintertone vir vinnige verligting. 'n Louwarm voetbad kan gebruik word met 3 druppels van die volgende sinergistiese formule:

2 druppels laventel
2 druppels sipres
6 druppels wildemalva

Alternatiewe

Gemmer, knoffel, laventel, sipres, suurlemoen, wildemalva

Wonde

Was die wond met warm water waarby 2 tot 3 druppels aromatiese olies gevoeg is. **Teeboom** kan direk op 'n oop wond gebruik word, aangesien dit die bloeding sal stop en die wond ontsmet. Verdun alle ander olies behalwe **laventel** voor aanwending.

Alternatiewe

Bensoïne-harpuis, bergamot, bloekom, bonekruid, duisendblad, elemi, hisop, jenewer, kamille, kanfer, lavandin, laventel, mirre, naeltjie, niaouli, patsjoelie, roosmaryn, salie, sipres, sitroenkruid, suurlemoen, teeboom, tiemie, wierook, wildemalva

AFDELING

D

Kruisverwysings-
tabelle

Aromatiese olies – liggaamstoestande

Aalwyn

Aknee, littekens

Algoede

Amenorie, angstigheid, depressie, herstel, histerie, hoë bloeddruk, impotensie, inflammasie, insekbyt, keelseer, kilheid, kinkhoes, koliek, menopouse, menstruasieprobleme, menstruasiepyn, nierprobleme, onvrugbaarheid (mans en vroue), pitswere, reukweerder, slegte spysvertering, spanning, stuipe, swak geheue, swartkoppies, sweet, swere, vaginale sproei, velsorg, winderigheid

Anys

Asemhalingsprobleme, asma, brongospasmas, cholesterol, epilepsie, hartkloppings, hoes, impotensie, kilheid, kinkhoes, klierprobleme, kopluise, melkproduksie, menstruasiepyn, migraine, oorgewig, slegte asem, slegte spysvertering, winderigheid

Basielkruid

Amenorie, angstigheid, anoreksie, asemhalingsprobleme, asma, borsvoeding, braking, breinstimulasie, brongitis, byniere, bynierkorteks, depressie, diarree, duiseligheid, emfiseem, epilepsie, floute, ganglion, haarspoel, haarverlies, hardlywigheid, hik, histerie, hoes, infeksie (inwendig), insekbyt, insekweerder, jeuk, jig, katar, kinkhoes, kommer, koors, kouekoors, kraam (vergemaklik; teruggehoude plasenta), maagkrampe, maagpyn, migraine, muskiete, naarheid, nekstyfheid, neurologiese probleme, neuspoliep, omlope, onttrekkingsimptome (dwelms), onvrugbaarheid (mans), oorpyn, Parkinsonsiekte, perdebysteek, reisnaarheid, rugpyn, senu-uitputting, sinus, skerpioenbyt, slaaploosheid, slangbyt, slegte spysvertering, slymvliesontsteking, spanning, spierspasma, sport (voor), spysverteringskrampe, uitputting (fisiek en geestelik), velprobleme, verkoue, verlamming

Bensoïne-harpuis

Angstigheid, artritis, asemhalingsprobleme, asma, blaasontsteking, bloedsomloop, brongitis, depressie, dermatitis, energietekort, griep, hartstimulasie, hartseer, hoes, jig, koliek, laringitis, littekens, rumatiek, senuweeprobleme, spanning, vel (gebars en droog, pigmentasie), velirritasie, velvlekke, wonde

Bergamot

Absesse, aknee, amenorie, anoreksie, artritis, blaas (slym), blaasontsteking, blaasstene, brongitis, depressie, dipterie, eetlusverlies, ekseem, galstene, gewrigspyn, gonorree, gordelroos, herpes (*simplex* en *genitalis*), jeuksiektes, karbonkels, keelseer, koliek, koors, koorsblare, lugweginfeksies, mangelontsteking, niere (slym), nierprobleme, nierstene, onttrekkingsimptome (dwelms), oorgewig, parasiete (inwendig), Parkinsonsiekte, psoriase, pyn, reukweerder, rumatiek, selluliet, slegte asem, slegte spysvertering, spanning, spataarsere, spatare, spierpyn, sport (voor), sweet, swelling, swere, tuberkulose, urienweginfeksie, vaginale jeuk, vel (jeuk, olierig), velsiektes, vloeistofretensie, winderigheid, wonde, wurms

Bloekom

Aansteeklike siektes, artritis, asemhalingsprobleme, asma, bedluise, blaasontsteking, bloeding, borsinfeksies, brandwonde, brongitis, cholera, diabetes, diarree, dipterie, emfiseem, galstene, gordelroos, griep, hartkloppings, hitte-uitputting, hooikoors, inflammasie, insekweerder, katar, keelinfeksies, keelseer, kliere (geswel), koors, koorsblare, kopluise, kroep, malaria, masels, ontstekings, pyn (algemeen, gewrigte), reismoegheid, reukweerder, rugpyn, rumatiek, sinus, skarlakenkoors, skilfers, slymvliesontsteking, snye, sonsteek, sport (voor), suikersiekte, urienweginfeksie, verkoue, verstuitings, wonde, wurms

Bonekruid

Aansteeklike siektes, artritis, asma, brongitis, keelseer, oorpyn, parfuum, rumatiek, senuweeprobleme, slegte spysvertering, swakheid, uitputting (fisiek, geestelik, verstandelik), wonde, wurms

Dennenaald

Artritis, asemhalingsprobleme, asma, blaasontsteking, bloedsomloop, brongitis, galstene, griep, katar, keelseer, kilheid, kliere (kortisone), klierprobleme, koliek, longontsteking, longprobleme, maagkrampe, naskeermiddel, nierprobleme, prostaatontsteking, reukverdrywer, rumatiek, senuweeagtigheid, senuweeprobleme, sinus, slymvliesontsteking, stres, sweet, urienweginfeksies, verkoue

Dille

Asemhalingsprobleme, babas, beenbreuke, brongitis, hik, hoes, immunostimulant, katar, koliek (volwassenes en babas), maagkrampe, ooreting, parfuum, slaaploosheid, slymvliesontsteking, tandpyn, wonde, wonde met infeksie

Dragon

Anoreksie, artritis, buikswelling, eetlusverlies, hik, koliek, maagkrampe, menstruasieregulering, menstruasiepyn, naarheid, neuralgie, parasiete (inwendig), rumatiek, senuweepyne, slegte spysvertering, tandpyn, winderigheid, wurms

Duisendbladboom

Babas, brandwonde, diarree, ekseem, griep, hooikoors, koors, luieruitslag, menstruasieprobleme, testes, vel (droog, gebars), veluitslag, verkoue, winderigheid, wonde (stadig genesend)

Gemmer
Anoreksie, artritis, beenbeserings, bloeding, bloedsomloop, blootstelling aan koue, braking, buikswelling, diarree, ganglion, griep, hoes, impotensie, keelseer, koors, maagkrampe, mangelontsteking, menstruasiepyn, migraine, mondspoelmiddel, naarheid, ooreting, rugpyn, rumatiek, slegte spysvertering, spierkrampe, swak geheue, tenniselmboog, verkoue, vloeistofretensie, winderigheid, wintertone

Gousblom
Aambeie, bedsere, eelte, kopluise, liddorings, menstruasieregulering, mondspoel na tandetrek, spatare, swere, tandvleisinfeksie, tepels (gebars), vaginale sproei, velirritasie, voetknokkels, vratte, vriesbrand, wintertone, wonde (stadig genesend)

Groenment
Aknee, asma, braking, brongitis, depressie, dermatitis, hoofpyn, katar, koors, lewerprobleme, metabolisme (vinniger), migraine, naarheid, ooreting, senuweestelsel, sinus, slegte spysvertering, slymvliesontsteking, uitputting (fisiek, geestelik en verstandelik)

Hisop
Amenorie, angs, anoreksie, asma, blaasstene, bloedsomloop, brongitis, depressie, dermatitis, eetlusverlies, ekseem, emfiseem, galblaasinfeksie, galstene, griep, hartseer, herpes *(simplex)*, hoes, hooikoors, keelseer, kinkhoes, kneusings, koorsblare, lae bloeddruk, longprobleme, maaginfeksies, maagkrampe, nierprobleme, nierstene, ooreising, oorpyn, senu-uitputting, sifilis, skuldgevoelens, smart, slegte spysvertering, tenniselmboog, testes, tuberkulose, urienweginfeksies, verkoue, winderigheid, wonde

Jasmyn
Angstigheid, apatie, brandwonde, depressie, dermatitis, emfiseem, hartseer, heesheid, impotensie, kilheid, kraam (voorbereiding), littekens (brand), melkproduksie, menopouse, nageboortelike depressie, parfuum, selfvertroue, swangerskap, traagheid, vel (droog, sensitief)

Jenewer
Aambeie, aarverkalking, aknee, amenorie, artritis, asemhalingsprobleme, babelaas, blaasontsteking, bloeding, bloedsomloop, bloedsuiwering, dermatitis, diabetes, ekseem, ganglion, hoes, inflammasie, jig, klierprobleme, koliek, kraam (versterk sametrekkings), lewerverharding (sirrose), menstruasieprobleme, menstruasiepyn, moegheid, nierstene, onbelangstellendheid, oormatigheid (eet, drink), premen-

struele spanning, psoriase, rugpyn, rumatiek, selluliet, senu-weeprobleme, skilfers, slaaploosheid, slegte spysvertering, spatare, spierpyn, stres, swak geheue, uitputting, urienweg-infeksie, vel (olierig), velsorg, vergiftiging, vloeistofretensie, winderigheid, wonde

Jojoba   Aknee, littekens, parfuum, sonbeskerming (faktor 4), son-brand, swartkoppies, voetknokkels

Kajapoet   Aknee, asemhalingsprobleme, asma, blaasontsteking, bron-gitis, dermatitis, diarree, epilepsie, histerie, hoofpyn, insek-byt, jig, keelseer, laringitis, maaginfeksies, menstruasiepyn, neuralgie, oorpyn, parasiete (inwendig), pyn, rumatiek, senuweepyne, slegte spysvertering, tuberkulose, urienweginfeksies

Kamille   Aansteeklike siektes, aknee, allergieë, amenorie, angs, ano-reksie, antibiotika (herstel natuurlike flora), anusirritasie, asma, babas, balansprobleme, bindvliesontsteking (oog), blaasontsteking, blase, bloedarmoede, bloublasies, braking, brandwonde, brongitis, dermatitis, diarree, duiseligheid, eelte, eetlusverlies, ekseem, galblaasprobleme, galstene, geel-sug, griep, hartkloppings, hoes, hoofpyn, hooikoors, inflam-masie, insekbyte, irritasie (emosioneel), kalmeermiddel, kar-bonkels, katar, kindersiektes, kinkhoes, koliek, konjunktivi-tis, koors, lewerprobleme, liddorings, luieruitslag, maag-krampe, mangelontsteking, masels, menopouse, menstruasie (swaar vloei), menstruasiepyn, migraine, milt, mondinfek-sies, nekstyfheid, neuralgie, neusbloeding, nierprobleme, onttrekkingsimptome (dwelms), onvrugbaarheid (vroue), oorpyn, oorsensitiwiteit, premenstruele spanning, pyn, rek-merke, rugpyn, rumatiek, senuweepyne, skilfers, slaaploos-heid, slegte spysvertering, slymvliesontsteking, sonbrand, spanning, spastiese kolon, spierpyne, stres, stuipe, swere, tandekrypyn, tandpyn, tandvleisinfeksies, testes, vaginale infeksies, vaginale jeuk, vel (aartjies gebars, gebars, jeuk), velsorg, veluitslag, verslawing (kalmeermiddels), voetknok-kels, waterpokkies, woede, woedeuitbarstings (kinders), wonde

Kaneel   Amenorie, artritis, bloeding, bloedsomloop, diabetes, diarree, griep, hoes, impotensie, jeuksiekte, kanker, kinkhoes, koliek, kopluise, kouekoors, kraam (versterk sametrekkings), maag-krampe, moegheid, perdebysteek, rumatiek, slangbyt, spier-spasma, suikersiekte, swak geheue, velsorg, verkoue, winde-righeid, wurms

146

Kanfer Aknee, artritis, bloedsomloop, braking, brandwonde, brongitis, cholera, depressie, diarree, hardlywigheid, histerie, jig, kneusings, koliek, koors, lae bloeddruk, longontsteking, pyn, rugpyn, rumatiek, skok, slaaploosheid, spanning, swakheid, swere, tandpyn, tuberkulose, urienretensie, vel (olierig), velsorg, verkoue, verstuiting, winderigheid, wonde

Kardemom Anoreksie, braking, eetlusverlies, hoes, hoofpyn, koliek, naarheid, ooreting, slegte asem, slegte spysvertering, sooibrand, swakheid, uitputting (verstandelik), winderigheid

Karwy Anoreksie, artritis, bleekheid, eetlusverlies, longvliesontsteking, maagkrampe, melkproduksie, migraine, ooreting, pleuritis, rumatiek, slegte spysvertering, spanning, winderigheid, wurms

Knoffel Aarverkalking, hoë bloeddruk, infeksies, insekbyt, pitswere, wintertone, wurms

Koljander Anoreksie, bloedarmoede, eetlusverlies, jig, klierprobleme, koliek, maagkrampe, migraine, onvrugbaarheid (vroue), ooreting, pampoentjies, rumatiek, slegte spysvertering, spierpyn, uitputting, vloeistofretensie, winderigheid

Komkommer-kruidsaad Rekmerke

Komyn Bloedarmoede, hart, krampe (spysvertering), migraine, onvrugbaarheid (mans), ooreting, senuweestelsel, slegte spysvertering, swakheid, vloeistofretensie, winderigheid

Koringkiem Littekens, rekmerke, tepels (gebars)

Kuskus Angstigheid, artritis, naskeermiddel, onrustigheid, onvrugbaarheid (mans), rugpyn, rumatiek, slaaploosheid, spanning, spierverslapper, vel (droog), velsorg

Lavandin Aansteeklike siektes, asemhalingsprobleme, brandwonde, dermatitis, epidemies, jeuksiekte, muskietverdrywer, veeartsenykundig, vlooie, wonde

Laventel Absesse, aknee, amenorie, angstigheid, artritis, asma, babas, babelaas, bedluise, bindvliesontsteking (oog), blaasontsteking, blaas (slymafskeiding), blase, bloedarmoede, bloedsomloop, blootstelling (hitte), blou-oog, bloublasies, borsklierontsteking, braking, brandnetel, brandwonde, brongitis,

147

bysteek, depressie, dermatitis, diarree, dipterie, ekseem, epilepsie, floute, galblaasprobleme, galstene, gonorree, griep, hardlywigheid, hartkloppings, heesheid, hik, histerie, hitte-uitputting, hitte-uitslag, hoë bloeddruk, hoes, hoofpyn, hooikoors, ingroeitoonnaels, insekbyte, insekweerder, irritasie (emosioneel), jeuksiekte, karbonkels, katar, keelseer, kinkhoes, kliere (geswel), kneusings, koliek, konjunktivitis, kopluise, laringitis, liddorings, littekens, luieruitslag, maagkoors, mangelontsteking, maniese depressie, mastitis, menopouse, menstruasieprobleme, migraine, motte, muskietbyte, muskietverdrywer, naarheid, naels (bros), naskeermiddel, neusbloeding, onttrekkingsimptome (dwelms), oorpyn, pampoentjies, paniek, parfuum, Parkinsonsiekte, perdebysteek, pitswere, potpourri, premenstruele spanning, prostaat, psoriase, pyn, reismoegheid, rekmerke, reukweerder, rugpyn, rumatiek, selluliet, selvermeerdering, senu-uitputting, sinus, skilfers, slaaploosheid, slangbyt, slegte asem, slegte spysvertering, slymvliesontsteking, sonbrand, sonsteek, spanning, spierdistrofie, spierpyn, spierspasma, spinnekopbyte, sport (voor), stuipe, swakheid, swartkoppies, swelling, swere, testes, tifoïede, tuberkulose, vel (aartjies gebars, jeuk, olierig, verrek), velsorg (alle tipes), velverjonging, vergiftiging, verkoue, verstuiting, vloeistofretensie, vlooie, voetskimmel, vratte, vriesbrand, winderigheid, wintertone, wonde, wurms

Lemmetjie

Angstigheid, asma, bloedarmoede, brongitis, depressie, galblaasprobleme, herstel, hitteblootstelling, katar, limfstimulasie, naskeermiddel, oorgewig, slegte spysvertering, slymvliesontsteking, uitputting, vloeistofretensie

Litsea cubeba

Dermatitis, epidemies, jeuksiekte, koliek, reukweerder, slegte spysvertering, voetskimmel, winderigheid

Marjolein

Amenorie, artritis, asma, brongitis, hardlywigheid, hartstimulasie, histerie, hoë bloeddruk, hoofpyn, irritasie (emosioneel), katar, kneusings, koliek, krampe, menstruasieprobleme, menstruasiepyn, migraine, nekstyfheid, onttrekkingsimptome (dwelms), Parkinsonsiekte, premenstruele spanning, pyn, rugpyn, rumatiek, slaaploosheid, slegte spysvertering, slymvliesontsteking, spanning, spierpyn, spierspasma, verkoue, winderigheid

Mirre

Aambeie, aknee, amenorie, angstigheid, anoreksie, asemhalingsprobleme, blase, bloedarmoede, bloeding, bloedsuiwering, brongitis, cholesterol, depressie, dermatitis, diarree (akuut en chronies), eetlusverlies, hartkloppings, histerie,

M

hoes, immunostimulant, inflammasie, katar, keelseer, klier-koors, koors, kraam, longprobleme, menstruasiepyn, mond-sere, paniek, plooie, skok, slaaploosheid, slegte asem, slegte spysvertering, slymvliesontsteking, spanning, stres, swelling, tandvleisinfeksies, tuberkulose, vaginale afskeiding, vaginale sproei, vel (aartjies gebars, droog, elastisiteit, stukkend, voortydse veroudering), velirritasie, velsorg (alle tipes), ver-koue, voetskimmel, vrees, winderigheid, wonde

Mirteboom   Aansteeklike siektes, asemhalingsprobleme, asma, brongitis, tuberkulose, urienweginfeksie

Nartjie   Bloedsomloop, diarree, epilepsie, hardlywigheid, hartseer, histerie, limfstimulasie, skok, slaaploosheid, slegte spysver-tering, spanning, swangerskap, vloeistofretensie, winderig-heid

Naeltjie   Aansteeklike siektes, anoreksie, asemhalingsprobleme, asma, brongitis, diarree, hooikoors, impotensie, jeuksiekte, jig, kanker, longvliesontsteking, masels, neuralgie, pleuritis, pyn, rugpyn, senuweepyne, sinus, slegte spysvertering, spierpyn, stres, swak geheue, swakheid, swere, tandpyn, tandvleisinfeksies, winderigheid, wonde, wonde met infek-sie, wurms

Neroli   Angs, angstigheid, bloedsomloop, depressie, diarree, hardly-wigheid, hartkloppings, hartseer, histerie, irritasie (emosio-neel), kilheid, koliek (babas), paniek, premenstruele span-ning, reukweerder, senuweeagtigheid, senuweeprobleme, skok, slaaploosheid, slegte spysvertering, spanning, stres, vel (aartjies gebars, droog, sensitief), vrees

Neutmuskaat   Anoreksie, bewerigheid, braking, diarree (vroegoggend), herstel, impotensie, kraam (voorbereiding), maaginfeksies, naarheid, neuralgie, onttrekkingsimptome (dwelms), on-vrugbaarheid (vrou), Parkinsonsiekte, rumatiek, slegte asem, slegte spysvertering, spierpyn, tandpyn, uitputting, winderigheid

Niaouli   Aknee, asemhalingsprobleme, asma, brandwonde, brongitis, infeksie, inflammasie, insekbyte, katar, keelirritasie, keel-seer, kinkhoes, maaginfeksies, pampoentjies, pitswere, pyn, sinus, slegte spysvertering, slymvliesontsteking, swere, tu-berkulose, urienweginfeksie, velsorg, wonde, wonde met in-feksie

149

Olie van Spika   Insekweerder, veeartsenykundig

Olyf   Gebarste hakke, naelriempies (versag), rekmerke

Orego   Amenorie, anoreksie, artritis, asemhalingsprobleme, asma, blaasontsteking, bloedsomloop, brongitis, diarree, eetlusverlies, gewrigspyn, herstel, hoes, kopluise, menstruasiepyn, pyn, rugpyn, rumatiek, selluliet, slegte spysvertering, spierpyn, uitputting, velsorg, virussiektes, voetskimmel

Palmarosa   Aknee, anoreksie, dermatitis, insekbyte, neusbloeding, onttrekkingsimptome (dwelms), plooie, selvorming, slegte spysvertering, spatare, vel (aartjies gebars, droog), velsorg

Patsjoelie   Aambeie, aknee, angstigheid, brandwonde, depressie, dermatitis, ganglion, hare (olierig), herpes, infeksie (uitwendig), inflammasie, insekbyt, insekweerder, kalmerend (hoë dosis), kilheid, naelinfeksies, naels (swamme), parfuum, plooie, puisies, reukweerder, skilfers, slangbyt, swaminfeksies, traagheid (lae dosis), vel (allergies, gebars), velsorg, vloeistofretensie, voetskimmel, wonde

Peperment   Aansteeklike siektes, aknee, artritis, asma, babelaas, blootstelling (hitte), braking, brandwonde, breinstimulasie, brongitis, cholera, dermatitis, diarree, duiseligheid, floute, galstene, gordelroos, griep, hartkloppings, histerie, hoofpyn, hooikoors, impotensie, inflammasie, insekweerder, jeuksiekte, katar, keelseer, koliek, koors, krampe, lewerprobleme, liddorings, maagpyn, menstruasieprobleme, menstruasiepyn, migraine, muise, muskiete, naarheid, neuralgie, neusverstopping, omlope, ooreting, pyn, reismoegheid, reisnaarheid, rugpyn, rumatiek, senuweeprobleme, senuweepyne, sinus, skok, slegte asem, slegte spysvertering, slymvliesontsteking, spierpyn, tandpyn, tuberkulose, uitputting (verstandelik), vel (aartjies gebars), velirritasie, velprobleme, velsorg, verkoue, verlamming, vlieë, voetpyn, voetskimmel, winderigheid, wurms

Petitgrain   Aknee, angstigheid, cholesterol, depressie, parfuum, reukweerder, senuweeagtigheid, slegte spysvertering, spanning, stres, swak geheue, velsorg, verwarring, vloeistofretensie, winderigheid

Pietersieliesaad   Anoreksie, blaastoestande, eetlusverlies, menstruasieregulering, nierprobleme, oorgewig

Polei   Amenorie, angstigheid, braking, histerie, kraam (versterk sametrekkings), menstruasiestimulering, menstruasieprobleme, menstruasiepyn, muskiete, naarheid, pyn (krampagtig), slegte spysvertering, verkoue, vlooie, winderigheid

Pomelo   Babelaas, kinkhoes, limfstimulasie, naels (bros), onttrekkingsimptome (dwelms), oorgewig, reismoegheid, selluliet, slegte spysvertering, swangerskap, vloeistofretensie

Rooitiemie   Aansteeklike siektes, artritis, bindvliesontsteking (oog), blaasontsteking, bloedarmoede, bloedsomloop, depressie, insekweerder, kinkhoes, metabolisme, oorgewig, rumatiek, selluliet, sport (voor), swakheid, uitputting, vlooie

Roos   Aknee, angs, angstigheid, babelaas, bloeding, bloedsomloop, blou-oog, borsklierontsteking, braking, depressie, diarree, ekseem, gesig (geswel), hardlywigheid, hartseer, hoes, hoofpyn, impotensie, inflammasie, irritasie (emosioneel), keelseer, kilheid, koliek, konjunktivitis, lewer (wanfunksie), lewerprobleme, mastitis, menstruasie (ongereeld, swaar vloei), menstruasieprobleme, naarheid, neusbloeding, onttrekkingsimptome (dwelms), oorpyn, plooie, puisies, skok, slaaploosheid, slegte spysvertering, spanning, steriliteit, stres, swelling (gesig), uitputting, vaginale afskeiding, vaginale sproei, vel (aartjies gebars, droog, inflammasie, ontsteek, sensitief, voortydse veroudering), velsorg

Roos en bensoïne-   Depressie, hartseer
harpuis

Rooshout   Angstigheid, hartseer, hoofpyn, littekens, naarheid, plooie, senuweeagtigheid, vel (sensitief, verouderd), velsorg

Roosmaryn   Aansteeklike siektes, aarverkalking, aknee, apatie, artritis, asemhalingsprobleme, asma, babelaas, bloedsomloop, brandwonde, breinstimulering, brongitis, cholesterol, depressie, diabetes, diarree, ekseem, floute, galblaasstimulant, galstene, geelsug, geheueverlies, griep, haargroei, haarkleur (herstel), haarverlies, hardlywigheid, hartkloppings, harttonikum, hartversaking, histerie, hoes, hoofpyn, hooikoors, immunostimulant, jeuksiekte, jig, katar, kinkhoes, klierprobleme, koliek, kopluise, lae bloeddruk, lewerstimulant, lewerverharding (sirrose), limfstimulasie, maaginfeksies, maagpyn, menstruasieprobleme, migraine, naels (bros), nekstyfheid, neuralgie, neusbloeding, onbelangstellendheid, oorgewig (algemeen en gelokaliseer), Parkinsonsiekte, plooie,

151

pyn, rugpyn, rumatiek, selluliet, senu-uitputting, senuwee-probleme, senuweepyne, sirrose, skilfers, skok, slegte spys-vertering, spanning, slymvliesontsteking, spatare, spierpyn, spierstyfheid, sport (prestasieverbetering), swak geheue, swakheid, tenniselmboog, uitputting (fisiek, geestelik, ver-standelik), vel (droog, verouderd), verkoue, verstuiting, virussiektes, vloeistofretensie, voetskimmel, winderigheid, wonde

Salie

Amenorie, angina, asma, babas (spening), bloedarmoede, brongitis, depressie, dermatitis, ekseem, galprobleme, geel-sug, haarverlies, hartkrampe, hartprobleme, herstel, kliere (kortisone), klierprobleme, koors, kraam (voorbereiding), lae bloeddruk, lewerprobleme, mangelontsteking, melkpro-duksie, menopouse, menstruasieregulering, menstruasiepro-bleme, menstruasiepyn, metabolisme, mondsere, onvrug-baarheid (mans), reukweerder, rugpyn, senuweeprobleme, skilfers, spanning, speekselvorming, steriliteit, swak geheue, swakheid, sweet, swere, uitputting, wonde

Sandelhout

Aknee, asemhalingsprobleme, babelaas, blaasontsteking, bra-king, brongitis (akuut en chronies), depressie, diarree (akuut en chronies), gonorree, hik, hoes, impotensie, inflammasie, jeuk, katar, keelseer, kilheid, koliek, laringitis, naarheid, ont-trekkingsimptome (dwelms), oorgewig, parfuum, premen-struele spanning, senuweeagtigheid, slaaploosheid, slymvlies-ontsteking, tuberkulose, urienweginfeksies, vel (droog, olie-rig), velsorg

Sassafras

Artritis, depressie, dermatitis, ekseem, insekbyt, jig, kop-luise, lumbago, menstruasieprobleme, moegheid, oorpyn, psoriase, rugprobleme, rugpyn, rumatiek, spierpyn, sport (na oefening), uitputting

Sederhout

Aknee, angstigheid, asemhalingsprobleme, blaasontsteking, brongitis, ekseem, gonorree, haarverlies, haarsorg, hoes, insekweerder, katar, kopvelsiektes, longkongestie, naskeer-middel, onvrugbaarheid (mans), premenstruele spanning, se-nuweeprobleme, skilfers, slymvliesontsteking, stres, tuber-kulose, urienweginfeksie, vel (jeuk, olierig), velsorg

Sipres

Aambeie, asemhalingsprobleme, asma, bednatmaak, bloe-ding, bloedsomloop, diarree, eierstokwanfunksie, emfiseem, griep, hoes, hooikoors, inflammasie, insekweerder, irritasie (emosioneel), kanker, kinkhoes, laringitis, lewerprobleme, menopouse, menstruasieregulering, menstruasie (swaar vloei, pyn), moegheid, mondsere, naels (bros), neusbloeding, onvrugbaarheid (vroue), premenstruele spanning, prostaat, reukweerder, rugpyn, rumatiek, selluliet, spanning, spatare, spierkrampe, sweet, sweterige voete, tandvleisbloeding, tandvleisinfeksie, tenniselmboog, vel (aartjies gebars, olierig), velsorg, vergiftiging, vloeistofretensie, voete (sweet), vratte, wintertone, wonde

Sitroengras
Aansteeklike siektes, aknee, cholera, hitte, hoofpyn, infeksie, insekweerder, jeuksiekte, keelseer, kneusings, koliek, koors, limfstimulasie, migraine, muskietweerder, naskeermiddel, parasiete (inwendig), puisies, reismoegheid, rekmerke, reukweerder, slegte spysvertering, spastiese kolon, spierpyn, swartkoppies, sweet, uitputting, veeartsenykundig, vel (vergrote porieë, verrek), velsorg, voete (sweet), voetskimmel

Sitroenkruid
Aknee, angs, angstigheid, artritis, asemhalingsprobleme, asma, brongitis, depressie, dermatitis, ekseem, gordelroos, griep, hartkloppings, hartseer, hoë bloeddruk, insekbyt, insekweerder, jig, koliek, koors, koorsblare, liddorings, migraine, naarheid, neuralgie, rumatiek, sciatika, senu-uitputting, senuweepyne, skok, slaaploosheid, spanning, stres, swelling, velreiniging, verkoue, virussiektes, winderigheid, wonde

Sitroenverbena
Hartkloppings, lewerprobleme, parfuum, senuweeagtigheid, slaaploosheid, slegte spysvertering

Sitronella
Bosluise, insekweerder, kleremotte, miere, muskiete, plantluise, vlooie

Soetamandel
Kopvelkors (babas), rekmerke, tepels (gebars)

Soetlemoen
Bloedsomloop, brongitis, depressie, dermatitis, diarree, hartkloppings, histerie, hoë bloeddruk, koors, krampe (digestief), limfstimulasie, muskiete, onttrekkingsimptome (dwelms), oorgewig, Parkinsonsiekte, plooie, pyn, senuweeprobleme, slaaploosheid, slegte spysvertering, spanning, spierdistrofie, velsorg, verkoue, vloeistofretensie, winderigheid

Suurlemoen
Aarverkalking, aknee, anoreksie, artritis, babelaas, bedsere, bewerigheid, bindvliesontsteking (oog), blase, bloedverdunning, bloedarmoede, bloeding, bloedsomloop, braking, dia-

betes, eelte, eetlusverlies, galstene, geelsug, griep, hartklop-
pings, herpes *(simplex)*, hik, hoë bloeddruk, hoes, hooi-
koors, immunostimulant, insekbyte, insekweerder, jeuksiek-
te, jig, katar, keelseer, konjunktivitis, konsentrasie, koors-
blare, laringitis, lewerprobleme, liddorings, longprobleme,
maagkoors, malaria, mangelontsteking, mineraalabsorpsie,
naels (bros), neusbloeding, nierprobleme, ooreting, oorpyn,
pankreasprobleme, Parkinsonsiekte, pigmentasie, plooie,
psoriase, rumatiek, selluliet, slymvliesontsteking, snye, sleg-
te spysvertering, sonbrand, sooibrand, spatare, sproete,
swak geheue, tuberkulose, tifoïede, uitputting, vaginale
sproei, vel (aartjies gebars, olierig), velkanker, velprobleme,
velsorg, vloeistofretensie, voetskimmel, vratte, wintertone,
wonde

Swartpeper   Aambeie, anoreksie, bloedsomloop, braking, cholera, diar-
ree, duiseligheid, gonorree, griep, hardlywigheid, hoes, im-
potensie, katar, koliek, koors, milt, naarheid, neuralgie,
pynlike urinering, rugpyn, senuweepyne, slegte spysverte-
ring, slymvliesontsteking, sooibrand, spierpyne, spierstyf-
heid, sport (voor), tandpyn, urienretensie, urinering (pyn-
lik), vergiftiging, verkoue, voedselvergiftiging, winderigheid

Teeboom   Aansteeklike siektes, aknee, anale jeuk, angstigheid, artritis,
asemhalingsprobleme, asma, babas, blaasontsteking, blase,
bloedarmoede, bloedsomloop, borskongestie, bosluisbyt,
brandwonde, brongiale infeksies, brongitis, candida, depres-
sie, dermatitis, diabetiese gangreen, eelte, emfiseem, gan-
green, geswelde kliere, gordelroos, griep, haarsorg, haarver-
lies, hare (droog, olierig), heesheid, herpes *(genitalis* en
simplex), hoë bloeddruk, hoes, hoofpyn, hooikoors, im-
munostimulant, impetigo, infeksie (verhoog witbloedselle),
ingroeitoonnaels, insekbyte, insekweerder, jeuk (algemeen,
anaal, vaginaal), kanker, karbonkels, katar, keelseer, kinder-
siektes, kinkhoes, kliere (geswel), klierkoors, kneusings,
koors, koorsblare, kopluise, kopvelkors (babas) kroep, lid-
dorings, longontsteking, luieruitslag, malaria, mangelont-
steking, masels, menstruasieprobleme, mondsere, muskiete,
naelinfeksie, naels (absessse, swamme), neussere, neuskon-
gestie, omlope, oorpyn, pampoentjies, parasiete (inwendig),
pitswere, psoriase, puisies, rumatiek, sandvlooie, selver-
meerdering, sinus, skaafplekke, skilfers, slegte asem, slegte
spysvertering, slymvliesontsteking, snye, sonbrand (ernstig,
verhoed blase), spataarsere, spierpyn, spinnekopbyte, sport
(voor en na), swaminfeksies, swere, tandvleisabsesse, tand-
vleisinfeksie, uitputting, urienweginfeksie, vaginale jeuk,

vaginale sproei, vel (afgeskilfer, gebars), velirritasie, vel-
reiniging, velsorg, veluitslag, verkoue, verstuiting, vigs,
virussiektes, vlooibyt, vlooie, voete (gebars, sweet), voet-
skimmel, vratte, waterpokkies, winderigheid, wonde met
infeksie

Tiemie

Aansteeklike siektes, angstigheid, artritis, asemhalingspro-
bleme, asma, bloedarmoede, bloedsomloop, blootstelling
(koue), borsinfeksie (geel, dik slym), brandwonde, brongitis,
depressie, diarree, emfiseem, griep, haakwurm, haarverlies,
hartkloppings, hoes, hondsdolheid, hoofpyn, immunostimu-
lant, insekbyt, katar, keelseer, kinkhoes, laringitis, longin-
feksie, longprobleme, mangelontsteking, menstruasiepyn,
metabolisme (versnel), nekstyfheid, onvrugbaarheid (mans,
vroue), Parkinsonsiekte, prostaat, rugpyn, rumatiek, senu-
weeprobleme, slegte spysvertering, slymvliesontsteking,
spastiese kolon, spierpyn, spierstyfheid, sport (voor en na),
swakheid, swartkoppies, swere, tuberkulose, uitputting,
wonde, wonde met infeksie

Vinkel

Amenorie, babelaas, blaasstene, borsaandoening, braking,
brongitis, diarree, estrogeenstimulant, hardlywigheid (lang-
termyn), hik, hoes, jig, keelseer, klierprobleme, kneusings,
koliek, laringitis, maagkrampe, maagpyn, melkproduksie,
menopouse, menstruasieregulering, milt, nierstene, onttrek-
kingsimptome (dwelms), onvrugbaarheid (vroue), oorgewig,
premenstruele spanning, selluliet, slegte spysvertering, tan-
de (los), tandvleisinfeksie, urienretensie, virussiektes, vloei-
stofretensie, voedselvergiftiging, winderigheid

Wierook

Aambeie, asemhalingsprobleme, blaasontsteking, bloeding,
borsaandoening, borste, brongitis, gangreen, hoes, katar,
kraam (voorbereiding), laringitis, nageboortelike depressie,
plooie, premenstruele spanning, slymvliesontsteking, stres,
swangerskap, swere, tuberkulose, urienweginfeksie, vel
(olierig), vergiftiging, wonde

Wildemalva

Aambeie, aansteeklike siektes, aknee, bindvliesontsteking
(oog), bloeding, bloedsomloop, blootstelling (koue), blou-
oog, borsklierontsteking, borsknoppe, brandwonde, bynier-
korteks, depressie, dermatitis, diabetes, diarree, ekseem,
galstene, gordelroos, hooikoors, inflammasie, insekweerder,
keelseer, kliere (kortisone), kneusings, konjunktivitis, kop-
velkors (babas), mangelontsteking, mastitis, menopouse,
muskietweerder, nierprobleme, nierstene, omlope, onvrug-
baarheid (vroue), Parkinsonsiekte, premenstruele spanning,

pyn, reismoegheid, selluliet, senu-uitputting, spanning, spierdistrofie, spierkrampe, steriliteit, stres, swakheid, swangerskap, swere, vaginale sproei, vel (olierig), velprobleme, velsorg, vriesbrand, vrouekwale, wintertone, wonde

Wortel

Amenorie, anoreksie, babelaas, bloedarmoede, dermatitis, geelsug, haarverlies, kanker (pyn), lewerprobleme, moegheid, naels (bros), nagblindheid, plooie, rekmerke, swakheid, swak sig, vel (alle tipes), velsiektes, vloeistofretensie, voetknokkels

Wurmkruid

Amenorie, insekweerder, spatare, swelling, swere

Ylang-Ylang

Depressie, frustrasie, haarsorg, haarverlies, hartkloppings, hoë bloeddruk, impotensie, insekbyte, kilheid, maaginfeksies, malaria, menopouse, pyn, skilfers, skok, slaaploosheid, spanning, swangerskap, vel (olierig), vrees, woede

Liggaamstoestande – aromatiese olies

Aambeie Gousblom, jenewer, mirre, patsjoelie, sipres, swartpeper, wierook, wildemalva

Aansteeklike siektes Bloekom, bonekruid, kamille, lavandin, mirteboom, naeltjie, peperment, rooitiemie, roosmaryn, sitroengras, teeboom, tiemie, wildemalva

Aarverkalking Jenewer, knoffel, roosmaryn, suurlemoen

Absesse Bergamot, laventel

Aknee Aalwyn, bergamot, groenment, jenewer, jojoba, kajapoet, kamille, kanfer, laventel, mirre, niaouli, palmarosa, patsjoelie, peperment, petitgrain, roos, roosmaryn, sandelhout, sederhout, sitroengras, sitroenkruid, suurlemoen, teeboom, wildemalva

Allergieë Kamille

Amenorie Algoede, basielkruid, bergamot, hisop, jenewer, kamille, kaneel, laventel, marjolein, mirre, orego, polei, salie, vinkel, wortel, wurmkruid

Angina Salie

Angs Hisop, kamille, neroli, roos, sitroenkruid

Angstigheid Algoede, basielkruid, bensoïne-harpuis, jasmyn, kuskus, laventel, lemmetjie, mirre, neroli, patsjoelie, petitgrain, polei, roos, rooshout, sederhout, sitroenkruid, teeboom, tiemie

Anoreksie Basielkruid, bergamot, dragon, gemmer, hisop, kamille, kardemom, karwy, koljander, mirre, naeltjie, neutmuskaat, orego, palmarosa, pietersieliesaad, suurlemoen, swartpeper, wortel

Antiperspirant Salie

Anusirritasie Kamille

Apatie (onbelang-stellendheid) Jasmyn, roosmaryn

Artritis Bensoïne-harpuis, bergamot, bloekom, bonekruid, dennenaald, dragon, gemmer, jenewer, kaneel, kanfer, karwy, kuskus, laventel, marjolein, orego, peperment, rooitiemie,

	roosmaryn, sassafras, sitroenkruid, suurlemoen, teeboom, tiemie
Asemhalings-probleme	Anys, basielkruid, bensoïne-harpuis, bloekom, dennenaald, dille, jenewer, kajapoet, lavandin, mirre, mirteboom, naeltjie, niaouli, orego, roosmaryn, sandelhout, sederhout, sitroengras, sitroenkruid, teeboom, tiemie, wierook
Asma	Anys, basielkruid, bensoïne-harpuis, bloekom, bonekruid, dennenaald, groenment, hisop, kajapoet, kamille, laventel, lemmetjie, marjolein, mirteboom, naeltjie, niaouli, orego, peperment, roosmaryn, salie, sipres, sitroenkruid, teeboom, tiemie
Babas	Dille, duisendbladboom, kamille, laventel, teeboom
Baba-spening	Salie
Babelaas	Jenewer, laventel, peperment, pomelo, roos, roosmaryn, sandelhout, suurlemoen, vinkel, wortel
Balansprobleme	Kamille
Bedluise	Bloekom, laventel
Bednatmaak	Sipres
Bedsere	Gousblom, suurlemoen
Beenbeserings	Gemmer
Beenbreuke	Dille
Bewerigheid	Neutmuskaat, suurlemoen
Bindvliesontsteking (oog)	Kyk **Konjunktivitis**
Blaas: ontsteking	Bensoïne-harpuis, bergamot, bloekom, dennenaald, jenewer, kajapoet, kamille, laventel, orego, rooitiemie, sandelhout, sederhout, teeboom, wierook
slym	Bergamot, laventel
stene	Bergamot, hisop, vinkel
toestande	Pietersieliesaad
Blase	Kamille, laventel, mirre, suurlemoen, teeboom
Bleekheid	Karwy

Bloedarmoede	Kamille, koljander, komyn, laventel, lemmetjie, mirre, rooitiemie, salie, suurlemoen, teeboom, tiemie, wortel
Bloeding	Bloekom, gemmer, jenewer, kaneel, mirre, roos, sipres, suurlemoen, wierook, wildemalva
Bloedsomloop	Bensoïne-harpuis, dennenaald, gemmer, hisop, jenewer, kaneel, kanfer, laventel, nartjie, neroli, orego, rooitiemie, roos, roosmaryn, sipres, soetlemoen, suurlemoen, swartpeper, teeboom, tiemie, wildemalva
Bloedsuiwering	Jenewer, mirre
Bloedverdunning	Suurlemoen
Blootstelling (hitte)	Bloekom, laventel, peperment, gemmer, tiemie
Blou-oog	Kamille, laventel, roos, wildemalva
Bloublasies	Kamille, laventel
Borsaandoenings	Vinkel, wierook
Borsinfeksie:	
geel, dik slym	Tiemie
ander	Bloekom, teeboom
Borsklierontsteking	Kyk **Mastitis**
Borskongestie	Teeboom
Borste: algemeen	Wierook
knoppe	Wildemalva
Borsvoeding	Basielkruid
Bosluise: byte	Teeboom
verdrywing	Sitronella
Braking	Basielkruid, gemmer, groenment, kamille, kanfer, kardemom, laventel, neutmuskaat, peperment, polei, roos, sandelhout, suurlemoen, swartpeper, vinkel
Brandnetel	Laventel
Brandwonde	Bloekom, duisendbladboom, jasmyn, kamille, kanfer, lavandin, laventel, niaouli, patsjoelie, peperment, roosmaryn, teeboom, tiemie, wildemalva,
Breinstimulering	Basielkruid, peperment, roosmaryn

D: Kruisverwysingstabelle

Brongiale infeksies	Teeboom
Brongospasmas	Anys
Brongitis: chronies	Sandelhout
akuut	Basielkruid, bensoïne-harpuis, bergamot, bloekom, bone-kruid, dennenaald, dille, groenment, hisop, kajapoet, kamille, kanfer, laventel, lemmetjie, marjolein, mirre, mir-teboom, naeltjie, niaouli, orego, peperment, roosmaryn, salie, sandelhout, sederhout, sitroenkruid, soetlemoen, teeboom, tiemie, vinkel, wierook
Buikswelling	Dragon, gemmer
Byniere	Basielkruid
Bynierkorteks	Basielkruid, wildemalva
Bysteek	Laventel
Candida	Teeboom
Cholera	Bloekom, kanfer, peperment, sitroengras, swartpeper
Cholesterol	Anys, petitgrain, roosmaryn, mirre
Depressie	Algoede, basielkruid, bensoïne-harpuis, bergamot, groen-ment, hisop, jasmyn, kanfer, laventel, lemmetjie, mirre, neroli, patsjoelie, petitgrain, rooitiemie, roos, roosmaryn, roos en bensoïne-harpuis, salie, sandelhout, sassafras, sitroenkruid, soetlemoen, teeboom, tiemie, wildemalva, Ylang-Ylang
Dermatitis	Bensoïne-harpuis, groenment, hisop, jasmyn, jenewer, kajapoet, kamille, lavandin, laventel, *Litsea cubeba*, mirre, palmarosa, patsjoelie, peperment, salie, sassafras, sitroen-kruid, soetlemoen, teeboom, wildemalva, wortel
Diabetes	Bloekom, jenewer, kaneel, roosmaryn, suurlemoen, wilde-malva
Diabetiese gangreen	Teeboom
Diarree: algemeen	Basielkruid, bloekom, duisendbladboom, gemmer, kaja-poet, kamille, kaneel, kanfer, laventel, mirre, nartjie, nael-tjie, neroli, orego, peperment, roos, roosmaryn, sandel-hout, sipres, soetlemoen, swartpeper, tiemie, vinkel, wilde-malva
akuut	Sandelhout

chronies	Mirre, sandelhout
stres	Neroli
vroegoggend	Neutmuskaat
Dipterie	Bergamot, bloekom, laventel
Duiseligheid	Basielkruid, kamille, peperment, roosmaryn, swartpeper
Eelte	Gousblom, kamille, suurlemoen, teeboom
Eetlusverlies	Bergamot, dragon, hisop, kamille, kardemom, karwy, koljander, mirre, orego, pietersieliesaad, suurlemoen
Eierstokwanfunksie	Sipres
Ekseem: algemeen	Bergamot, duisendbladboom, hisop, jenewer, kamille, laventel, roos, roosmaryn, salie, sassafras, sederhout, sitroenkruid, wildemalva
skubberig	Jenewer
Emfiseem	Basielkruid, bloekom, hisop, jasmyn, sipres, teeboom, tiemie
Energietekort	Bensoïne-harpuis
Epidemie	Lavandin, *Litsea cubeba*, roosmaryn
Epilepsie	Anys, basielkruid, kajapoet, laventel, nartjie
Estrogeenstimulant	Vinkel
Floute	Basielkruid, laventel, peperment, roosmaryn
Frustrasie	Ylang-Ylang
Galblaas: infeksie	Hisop
probleme	Kamille, laventel, lemmetjie, salie
stimulant	Roosmaryn
Galstene	Bergamot, bloekom, dennenaald, hisop, kamille, laventel, peperment, roosmaryn, suurlemoen, wildemalva
Ganglion	Basielkruid, gemmer, jenewer, patsjoelie
Gangreen	Teeboom, wierook
Geelsug	Kamille, roosmaryn, salie, suurlemoen, wortel
Geheue: swak	Algoede, basielkruid, gemmer, jenewer, kaneel, naeltjie, peperment, petitgrain, roosmaryn, salie, suurlemoen

D

verlies	Roosmaryn
Gesigswelling	Roos
Gewrigspyn	Bergamot, orego
Gonorree	Bergamot, laventel, sandelhout, swartpeper, sederhout
Gordelroos	Bergamot, bloekom, peperment, sitroenkruid, teeboom, wildemalva
Griep	Bensoïne-harpuis, bloekom, dennenaald, duisendbladboom, gemmer, hisop, kamille, kaneel, laventel, peperment, roosmaryn, sipres, sitroenkruid, suurlemoen, swartpeper, teeboom, tiemie
Haakwurm	Tiemie
Hare: droog	Teeboom
groei	Roosmaryn
kleurherstel	Roosmaryn
olierig	Patsjoelie, teeboom
sorg	Sederhout, teeboom, Ylang-Ylang
spoelmiddel	Basielkruid
verlies	Basielkruid, roosmaryn, salie, sederhout, teeboom, tiemie, wortel, Ylang-Ylang
Hakke gebars	Olyf
Hardlywigheid:	
algemeen	Basielkruid, kanfer, laventel, marjolein, nartjie, neroli, roos, roosmaryn, swartpeper
lang termyn	Vinkel
Hart: algemeen	Komyn
kloppings	Anys, bloekom, kamille, laventel, mirre, neroli, peperment, roosmaryn, sitroenkruid, sitroenverbena, soetlemoen, suurlemoen, tiemie, Ylang-Ylang
probleme	Salie
stimulant	Bensoïne-harpuis, marjolein
tonikum	Roosmaryn
versaking	Roosmaryn
Hartseer	Bensoïne-harpuis, hisop, jasmyn, nartjie, neroli, roos, rooshout, sitroenkruid
Heesheid	Jasmyn, laventel, teeboom

Herpes: algemeen	Bergamot, patsjoelie, teeboom
genitalis	Bergamot, teeboom
simplex	Bergamot, hisop, suurlemoen, teeboom
Herstel	Algoede, lemmetjie, neutmuskaat, orego, salie
Hik	Basielkruid, dille, dragon, laventel, sandelhout, suurlemoen, vinkel
Histerie	Algoede, basielkruid, kajapoet, kanfer, laventel, marjolein, mirre, nartjie, neroli, peperment, polei, roosmaryn, soetlemoen
Hitte: blootstelling	Lemmetjie, sitroengras
uitputting	Bloekom, laventel
uitslag	Laventel
Hoë bloeddruk	Algoede, knoffel, laventel, marjolein, sitroenkruid, soetlemoen, suurlemoen, teeboom, Ylang-Ylang
Hoes	Anys, basielkruid, bensoïne-harpuis, dille, gemmer, hisop, jenewer, kamille, kaneel, kardemom, laventel, mirre, orego, roos, roosmaryn, sandelhout, sederhout, sipres, suurlemoen, swartpeper, teeboom, tiemie, vinkel, wierook
Hoofpyn	Groenment, kajapoet, kamille, kardemom, laventel, marjolein, peperment, roos, rooshout, roosmaryn, sitroengras, teeboom, tiemie
Hooikoors	Bloekom, duisendbladboom, hisop, kamille, laventel, naeltjie, peperment, roosmaryn, sipres, suurlemoen, teeboom, wildemalva
Immunostimulant	Dille, mirre, roosmaryn, suurlemoen, teeboom, tiemie
Impetigo	Teeboom
Impotensie	Algoede, anys, gemmer, jasmyn, kaneel, naeltjie, neutmuskaat, peperment, roos, sandelhout, swartpeper, Ylang-Ylang
Infeksie: algemeen	Knoffel, niaouli, sitroengras
inwendig	Basielkruid
uitwendig	Patsjoelie
verhoog witbloedselle	Teeboom
Inflammasie	Algoede, bloekom, jenewer, kamille, mirre, niaouli, patsjoelie, peperment, roos, sandelhout, sipres, wildemalva

163

D: Kruisverwysingstabelle

Ingroeitoonnaels	Laventel, teeboom
Insekbyte	Algoede, basielkruid, kajapoet, kamille, knoffel, laventel, niaouli, palmarosa, patsjoelie, sassafras, sitroenkruid, suurlemoen, teeboom, tiemie, Ylang-Ylang
Insekweerder	Basielkruid, bloekom, laventel, olie van Spika, patsjoelie, peperment, rooitiemie, sederhout, sipres, sitroengras, sitroenkruid, sitronella, suurlemoen, teeboom, wildemalva, wurmkruid
Irritasie (emosioneel)	Kamille, laventel, marjolein, neroli, roos, sipres
Jeuk: algemeen	Basielkruid, sandelhout, teeboom
anaal en vaginaal	Teeboom
Jeuksiekte	Anys, bergamot, kaneel, lavandin, laventel, *Litsea cubeba*, naeltjie, peperment, roosmaryn, sitroengras, suurlemoen
Jig	Basielkruid, bensoïne-harpuis, jenewer, kajapoet, kanfer, koljander, naeltjie, roosmaryn, sassafras, sitroenkruid, suurlemoen, vinkel
Kalmerend	Patsjoelie
Kanker: algemeen	Kaneel, naeltjie, sipres, teeboom
pyn	Wortel
Karbonkels	Bergamot, kamille, laventel, teeboom
Katar (slymvlies-ontsteking)	Basielkruid, bloekom, dennenaald, dille, groenment, kamille, laventel, lemmetjie, marjolein, mirre, niaouli, peperment, roosmaryn, sandelhout, suurlemoen, swartpeper, teeboom, tiemie, wierook, sederhout
Keel: infeksies	Bloekom
irritasie	Niaouli
seer	Algoede, bergamot, bloekom, bonekruid, dennenaald, gemmer, hisop, kajapoet, laventel, mirre, niaouli, peperment, roos, sandelhout, sitroengras, suurlemoen, teeboom, tiemie, vinkel, wildemalva
Kilheid	Algoede, anys, dennenaald, jasmyn, neroli, patsjoelie, roos, sandelhout, Ylang-Ylang
Kindersiektes	Kamille, teeboom
Kinkhoes	Algoede, anys, basielkruid, hisop, kamille, kaneel, laventel, niaouli, pomelo, rooitiemie, roosmaryn, sipres, teeboom, tiemie

Kleremotte	Sitronella
Kliere: geswel	Bloekom, laventel, teeboom
koors	Mirre, teeboom
kortisone	Dennenaald, salie, wildemalva
probleme	Anys, dennenaald, jenewer, koljander, roosmaryn, salie, vinkel

K

Kneusings	Hisop, kanfer, laventel, marjolein, sitroengras, teeboom, vinkel, wildemalva
Koliek: algemeen	Algoede, bensoïne-harpuis, bergamot, dennenaald, dille, dragon, jenewer, kamille, kaneel, kanfer, kardemom, koljander, laventel, *Litsea cubeba*, marjolein, peperment, roos, roosmaryn, sandelhout, sitroengras, sitroenkruid, swartpeper, vinkel
babas	Dille, neroli
Kommer	Basielkruid
Konjunktivitis	Kamille, laventel, roos, suurlemoen, wildemalva
Konsentrasie	Suurlemoen
Koors	Basielkruid, bergamot, bloekom, duisendbladboom, gemmer, groenment, kamille, kanfer, mirre, peperment, salie, sitroengras, sitroenkruid, soetlemoen, swartpeper, teeboom
Koorsblare	Bergamot, bloekom, hisop, sitroenkruid, suurlemoen, teeboom
Kopluise	Anys, bloekom, gousblom, kaneel, laventel, orego, roosmaryn, sassafras, teeboom
Kopvelkors (babas)	Olyf, soetamandel, teeboom, wildemalva
Kopvelsiektes	Sederhout
Kouekoors	Basielkruid, kaneel
Kraam: algemeen	Mirre
plasenta teruggehou	Basielkruid
vergemaklik	Basielkruid
versterk sametrekkings	Jenewer, kaneel, polei

165

D: Kruisverwysingstabelle

voorbereiding	Jasmyn, neutmuskaat, salie, wierook
Krampe: algemeen	Marjolein, peperment
digestief	Komyn, soetlemoen
Kroep	Bloekom, teeboom
Lae bloeddruk	Hisop, kanfer, roosmaryn, salie, bensoïne-harpuis, kajapoet, laventel, sandelhout, sipres, suurlemoen, tiemie, vinkel, wierook
Lewer: probleme	Groenment, kamille, peperment, roos, salie, sipres, sitroenverbena, suurlemoen, wortel, roosmaryn
verharding (sirrose)	Jenewer, roosmaryn
wanfunksie	Roos
Liddorings	Gousblom, kamille, laventel, peperment, sitroenkruid, suurlemoen, teeboom
Limfstimulasie	Lemmetjie, nartjie, pomelo, roosmaryn, sitroengras, soetlemoen
Littekens: algemeen	Aalwyn, bensoïne-harpuis, jojoba, koringkiem, laventel, rooshout
brand	Jasmyn
Longe: infeksie	Tiemie
kongestie	Sederhout
longvliesontsteking	Karwy, naeltjie
ontsteking	Dennenaald, kanfer, teeboom
probleme	Dennenaald, hisop, mirre, suurlemoen, tiemie
Luieruitslag	Duisendbladboom, kamille, laventel, teeboom
Lumbago	Sassafras
Maag: infeksies	Hisop, kajapoet, neutmuskaat, niaouli, roosmaryn, Ylang-Ylang
koors	Laventel, suurlemoen
krampe	Basielkruid, dennenaald, dille, dragon, gemmer, hisop, kamille, kaneel, koljander, vinkel, karwy
pyn	Basielkruid, peperment, roosmaryn, vinkel
Malaria	Bloekom, suurlemoen, teeboom, Ylang-Ylang
Maniese depressie	Laventel

Mangelontsteking	Bergamot, gemmer, kamille, laventel, salie, suurlemoen, teeboom, tiemie, wildemalva
Masels	Bloekom, kamille, naeltjie, teeboom
Mastitis (borsklier-ontsteking)	Laventel, roos, wildemalva
Melkproduksie	Anys, jasmyn, karwy, salie, vinkel
Menopouse	Algoede, jasmyn, kamille, laventel, salie, sipres, vinkel, wildemalva, Ylang-Ylang

M

Menstruasie:

ongereeld	Roos
probleme	Algoede, duisendbladboom, jenewer, laventel, marjolein, peperment, polei, roos, roosmaryn, salie, sassafras, teeboom
pyn	Algoede, anys, dragon, gemmer, jenewer, kajapoet, kamille, marjolein, mirre, orego, peperment, polei, salie, sipres, tiemie
regulering	Dragon, gousblom, pietersieliesaad, salie, sipres, vinkel
stimulering	Polei
swaar vloei	Kamille, roos, sipres

Metabolisme-versnelling	Groenment, rooitiemie, salie, tiemie
Miere	Sitronella
Migraine: algemeen	Anys, basielkruid, gemmer, groenment, kamille, koljander, komyn, laventel, marjolein, peperment, roosmaryn, sitroengras, sitroenkruid
a.g.v. slegte spys-vertering	Karwy
a.g.v. verkeerde dieet	Anys
Milt	Kamille, swartpeper, vinkel
Mineraalabsorpsie	Suurlemoen
Moegheid	Jenewer, kaneel, sassafras, sipres, wortel
Mond: infeksie	Kamille
sere	Mirre, salie, sipres, teeboom
spoelmiddel	Gemmer

167

spoel na tandetrek	Gousblom
Motte	Laventel
Muise	Peperment
Muskiete: byte	Laventel, teeboom
verdrywer	Basielkruid, lavandin, laventel, peperment, polei, sitroengras, sitronella, soetlemoen, teeboom, wildemalva
Naarheid	Basielkruid, dragon, gemmer, groenment, kardemom, laventel, neutmuskaat, peperment, polei, roos, rooshout, sandelhout, sitroenkruid, swartpeper
Naels: absesse	Teeboom
infeksie	Patsjoelie, teeboom
riempies	Olyf
swak	Laventel, pomelo, roosmaryn, sipres, suurlemoen, wortel
swamme	Patsjoelie, teeboom
Nagblindheid	Wortel
Nageboortelike depressie	Jasmyn, wierook
Naskeermiddel	Dennenaald, kuskus, laventel, lemmetjie, sederhout, sitroengras
Nekstyfheid	Basielkruid, kamille, marjolein, roosmaryn, tiemie
Neuralgie (senuweepyne)	Dragon, kajapoet, kamille, naeltjie, neutmuskaat, peperment, roosmaryn, sitroenkruid, swartpeper
Neurologiese probleme	Basielkruid
Neus: bloeding	Kamille, laventel, palmarosa, roos, roosmaryn, sipres, suurlemoen
kongestie	Peperment, teeboom
poliep	Basielkruid
sere	Teeboom
Niere: probleme	Algoede, bergamot, dennenaald, hisop, kamille, pietersieliesaad, suurlemoen, wildemalva
slym	Bergamot
stene	Bergamot, hisop, jenewer, vinkel, wildemalva

Omlope	Basielkruid, peperment, teeboom, wildemalva
Onrustigheid	Kuskus
Ontstekings	Bloekom
Onttrekkingsimptome (dwelms)	Basielkruid, bergamot, kamille, laventel, marjolein, neutmuskaat, palmarosa, pomelo, roos, sandelhout, soetlemoen, vinkel
Onvrugbaarheid:	
mans	Algoede, basielkruid, komyn, kuskus, salie, sederhout, tiemie
vroue	Algoede, kamille, koljander, neutmuskaat, sipres, tiemie, vinkel, wildemalva
Ooreting	Dille, gemmer, groenment, kardemom, karwy, koljander, komyn, peperment, suurlemoen
Ooreising	Hisop
Oorgewig: algemeen	Anys, bergamot, lemmetjie, pietersieliesaad, pomelo, rooitiemie, roosmaryn, sandelhout, soetlemoen, vinkel
gelokaliseer	Roosmaryn
Oormatigheid (eet, drink)	Jenewer
Oor: pyn	Basielkruid, bonekruid, hisop, kajapoet, kamille, laventel, roos, sassafras, suurlemoen, teeboom
sensitiwiteit	Kamille
Pampoentjies	Koljander, laventel, niaouli, teeboom
Paniek	Laventel, mirre, neroli
Pankreasprobleme	Suurlemoen
Parasiete (inwendig)	Bergamot, dragon, kajapoet, sitroengras, teeboom
Parfuum	Bonekruid, dille, jasmyn, jojoba, laventel, patsjoelie, petitgrain, sandelhout, sitroenverbena
Parkinsonsiekte	Basielkruid, bergamot, laventel, marjolein, neutmuskaat, roosmaryn, soetlemoen, suurlemoen, tiemie, wildemalva
Perdebysteek	Basielkruid, kaneel, laventel

O

D: Kruisverwysingstabelle

Pigmentasie	Suurlemoen
Pitswere	Algoede, knoffel, laventel, niaouli, teeboom
Plantluise	Sitronella
Pleuritis	Kyk **Longvliesontsteking**
Plooie	Mirre, palmarosa, patsjoelie, roos, rooshout, roosmaryn, soetlemoen, suurlemoen, wierook, wortel
Potpourri	Laventel
Premenstruele spanning	Jenewer, kamille, laventel, marjolein, neroli, sandelhout, sederhout, sipres, vinkel, wierook, wildemalva
Prostaat: algemeen	Laventel, sipres, tiemie
ontsteking	Dennenaald
Psoriase	Bergamot, jenewer, laventel, sassafras, suurlemoen, teeboom
Puisies	Patsjoelie, roos, sitroengras, teeboom
Pyn: algemeen	Bergamot, bloekom, kajapoet, kamille, kanfer, laventel, marjolein, naeltjie, niaouli, orego, peperment, roosmaryn, soetlemoen, wildemalva, Ylang-Ylang
gewrigte	Bloekom
krampagtig	Polei
voete	Peperment
Reisnaarheid	Basielkruid, peperment
Reismoegheid	Bloekom, laventel, peperment, pomelo, sitroengras, wildemalva
Rekmerke	Kamille, komkommerkruidsaad, koringkiem, laventel, olyf, sitroengras, soetamandel, wortel
Respiratoriese infeksies	Bergamot
Reukverdrywer	Algoede, bergamot, bloekom, dennenaald, laventel, *Litsea cubeba*, neroli, patsjoelie, petitgrain, salie, sipres, sitroengras
Rug: probleme	Sassafras

pyn	Basielkruid, bloekom, gemmer, jenewer, kamille, kanfer, kuskus, laventel, marjolein, naeltjie, orego, peperment, roosmaryn, salie, sassafras, sipres, swartpeper, tiemie
Rumatiek	Bensoïne-harpuis, bergamot, bloekom, bonekruid, dennenaald, dragon, gemmer, jenewer, kajapoet, kamille, kaneel, kanfer, karwy, koljander, kuskus, laventel, marjolein, neutmuskaat, orego, peperment, rooitiemie, roosmaryn, sassafras, sipres, sitroenkruid, suurlemoen, teeboom, tiemie
Sandvlooie	Teeboom
Sciatika	Sitroenkruid
Selfvertroue	Jasmyn
Selluliet	Bergamot, jenewer, laventel, orego, pomelo, rooitiemie, roosmaryn, sipres, suurlemoen, vinkel, wildemalva
Selvorming	Laventel, palmarosa, teeboom
Senuweeagtigheid	Dennenaald, neroli, petitgrain, rooshout, sandelhout, sitroenverbena
Senuweeprobleme	Bensoïne-harpuis, bonekruid, dennenaald, jenewer, neroli, peperment, roosmaryn, salie, sederhout, soetlemoen, tiemie
Senuweestelsel	Groenment, komyn
Senu-uitputting	Basielkruid, hisop, laventel, roosmaryn, sitroenkruid, wildemalva
Sinus	Basielkruid, bloekom, dennenaald, groenment, laventel, naeltjie, niaouli, peperment, teeboom
Skaafplekke	Teeboom
Skarlakenkoors	Bloekom
Skerpioenbyt	Basielkruid
Skilfers	Bloekom, jenewer, kamille, laventel, patsjoelie, roosmaryn, salie, sederhout, teeboom, Ylang-Ylang
Skok	Kanfer, mirre, nartjie, neroli, peperment, roos, roosmaryn, sitroenkruid, Ylang-Ylang
Skuldgevoel	Hisop

171

Slaaploosheid	Basielkruid, dille, jenewer, kamille, kanfer, kuskus, laventel, marjolein, mirre, nartjie, neroli, roos, sandelhout, sitroenkruid, sitroenverbena, soetlemoen, Ylang-Ylang
Slangbyt	Basielkruid, kaneel, laventel, patsjoelie
Slegte asem	Anys, bergamot, kardemom, laventel, mirre, neutmuskaat, peperment, teeboom
Slymvliesontsteking	Kyk **Katar**
Smart	Hisop
Snye	Bloekom, suurlemoen, teeboom
Sonbeskerming (faktor 4)	Jojoba
Sonbrand: algemeen	Jojoba, kamille, laventel, suurlemoen
ernstig	Laventel, teeboom
sonsteek	Bloekom, laventel
verhoed blase	Laventel, teeboom
Sooibrand	Kardemom, suurlemoen, swartpeper
Spanning	Algoede, basielkruid, bensoïne-harpuis, bergamot, kamille, kanfer, kuskus, laventel, marjolein, mirre, nartjie, neroli, petitgrain, roos, roosmaryn, salie, sipres, sitroenkruid, soetlemoen, wildemalva, Ylang-Ylang
Spastiese kolon	Kamille, sitroengras, tiemie
Spatare: algemeen	Bergamot, gousblom, jenewer, palmarosa, roosmaryn, sipres, suurlemoen
sere	Bergamot, teeboom, wurmkruid
Speekselvorming	Salie
Spierdistrofie	Laventel, soetlemoen, wildemalva
Spiere: krampe	Gemmer, sipres, wildemalva, bergamot, jenewer, kamille, koljander, laventel, marjolein, naeltjie, neutmuskaat, orego, peperment, roosmaryn, sassafras, sitroengras, swartpeper, teeboom, tiemie
spasma	Basielkruid, kaneel, laventel, marjolein
styfheid	Roosmaryn, swartpeper, tiemie
verslapper	Kuskus

Spinnekopbyt	Laventel, teeboom
Sport: algemeen	Laventel
na oefening	Sassafras, tiemie
verbeter prestasie	Roosmaryn
voor	Basielkruid, bergamot, bloekom, rooitiemie, swartpeper, tiemie
voor en na	Teeboom
Sproete	Suurlemoen
Spysvertering:	
algemeen	Neroli
kinders	Kamille
krampe	Basielkruid
sleg	Algoede, anys, basielkruid, bergamot, bonekruid, dragon, gemmer, groenment, hisop, jenewer, kajapoet, kamille, kardemom, komyn, laventel, lemmetjie, *Litsea cubeba*, marjolein, mirre, nartjie, naeltjie, neutmuskaat, niaouli, orego, peperment, petitgrain, polei, pomelo, roosmaryn, sitroengras, sitroenverbena, soetlemoen, suurlemoen, swartpeper, teeboom, tiemie, vinkel
spanning	Anys, kamille, karwy, koljander
stadig	Palmarosa, roos
Steriliteit	Roos, salie, wildemalva
Stres	Dennenaald, jenewer, kamille, mirre, naeltjie, neroli, petitgrain, roos, sederhout, sitroenkruid, wierook, wildemalva
Stuipe	Algoede, kamille, laventel
Suikersiekte	Bloekom, kaneel
Swakheid	Bonekruid, kanfer, kardemom, komyn, laventel, naeltjie, rooitiemie, roosmaryn, salie, tiemie, wildemalva, wortel
Swak sig	Wortel
Swaminfeksies	Patsjoelie, teeboom
Swangerskap	Jasmyn, nartjie, pomelo, wierook, wildemalva, Ylang-Ylang
Swartkoppies	Algoede, jojoba, laventel, sitroengras, tiemie
Sweet: algemeen	Algoede, bergamot, dennenaald, salie, sipres, sitroengras
voete	Sipres

173

D: Kruisverwysingstabelle

Swelling: algemeen	Bergamot, laventel, mirre, sitroenkruid, wurmkruid
gesig	Roos
Swere	Algoede, bergamot, gousblom, kamille, kanfer, laventel, naeltjie, niaouli, salie, teeboom, tiemie, wierook, wildemalva, wurmkruid
Sifilis	Hisop
Tande: los	Vinkel
mondspoel na trek	Gousblom
pyn	Dille, dragon, kamille, kanfer, naeltjie, neutmuskaat, peperment, swartpeper
tandekrypyn	Kamille
Tandvleis: absesse	Teeboom
bloeding	Sipres
infeksie	Gousblom, kamille, mirre, naeltjie, sipres, teeboom, vinkel
Tenniselmboog	Gemmer, hisop, roosmaryn, sipres
Tepels (gebars)	Gousblom, koringkiem, soetamandel
Testes	Duisendbladboom, hisop, kamille, laventel
Traagheid	Jasmyn, patsjoelie
Tuberkulose	Bergamot, hisop, kajapoet, kanfer, laventel, mirre, mirteboom, niaouli, peperment, sandelhout, sederhout, suurlemoen, tiemie, wierook
Tifoïede (maagkoors)	Laventel, suurlemoen
Uitputting: fisiek	Basielkruid, bonekruid, groenment, jenewer, koljander, lemmetjie, neutmuskaat, orego, rooitiemie, roos, roosmaryn, salie, sassafras, sitroengras, suurlemoen, teeboom, tiemie
geestelik	Groenment, basielkruid, bonekruid, roosmaryn
verstandelik	Bonekruid, groenment, kardemom, peperment, roosmaryn
Urienretensie	Kanfer, swartpeper, vinkel
Urienweginfeksie	Bergamot, bloekom, dennenaald, hisop, jenewer, kajapoet, mirteboom, niaouli, sandelhout, sederhout, teeboom, wierook
Urinering (pynlik)	Swartpeper

Vaginale: afskeiding	Mirre, roos
infeksies	Kamille
jeuk	Bergamot, kamille, teeboom
sproei	Algoede, gousblom, mirre, roos, suurlemoen, teeboom, wildemalva
Veeartsenykundig	Lavandin, olie van Spika, sitroengras
Vel: aartjies gebars	Kamille, laventel, neroli, mirre, peperment, roos, sipres, suurlemoen
afgedop	Teeboom
allergies	Patsjoelie
alle tipes	Sandelhout, wortel
droog	Duisendbladboom, jasmyn, kuskus, mirre, neroli, palmarosa, roos, roosmaryn, sandelhout
elastisiteit	Mirre
gebars	Duisendbladboom, kamille, patsjoelie, teeboom
gebars en droog	Bensoïne-harpuis
inflammasie	Roos
irritasie	Bensoïne-harpuis, gousblom, mirre, peperment, teeboom
jeuk	Bergamot, jenewer, kanfer, kamille, laventel, sandelhout, sederhout, sipres, suurlemoen, wierook, wildemalva, Ylang-Ylang
kanker	Suurlemoen
ontsteek	Roos
pigmentering	Bensoïne-harpuis
probleme	Basielkruid, peperment, suurlemoen, wildemalva
reiniging	Sitroenkruid, teeboom
sensitief	Jasmyn, neroli, roos, rooshout
siektes	Bergamot, wortel
sorg	Algoede, jenewer, kamille, kaneel, kanfer, kuskus, laventel, mirre, niaouli, orego, palmarosa, patsjoelie, peperment, petitgrain, roos, rooshout, sandelhout, sederhout, sipres, sitroengras, soetlemoen, suurlemoen, teeboom, wildemalva
sorg (alle tipes)	Laventel, mirre
stukkend	Mirre
uitslag	Duisendbladboom, kamille, teeboom
vergrote poriee	Sitroengras
verjonging	Laventel
verouderd	Rooshout, roosmaryn
verrek	Laventel, sitroengras

V

D: Kruisverwysingstabelle

vetterig	Bergamot
vlekke	Bensoïne-harpuis
voortydse veroude- **ring**	Mirre, roos
Vergiftiging	Jenewer, laventel, sipres, swartpeper, wierook
Verkoue	Basielkruid, bloekom, dennenaald, duisendbladboom, gem-mer, hisop, kaneel, kanfer, laventel, marjolein, mirre, peperment, polei, roosmaryn, sitroenkruid, soetlemoen, swartpeper, teeboom
Verlamming	Basielkruid, peperment
Verslawing (kalmeer- **middels)**	Kamille
Verstuiting	Bloekom, kanfer, laventel, roosmaryn, teeboom
Verwarring	Petitgrain
Vigs	Teeboom
Virussiektes	Orego, roosmaryn, sitroenkruid, teeboom, vinkel
Vlieë	Peperment
Vloeistofretensie	Bergamot, gemmer, jenewer, koljander, komyn, laventel, lemmetjie, nartjie, patsjoelie, petitgrain, pomelo, roos-maryn, sipres, soetlemoen, suurlemoen, vinkel, wortel
Vlooibyt	Teeboom
Vlooie	Lavandin, laventel, polei, rooitiemie, sitronella, teeboom
Voedselvergiftiging	Swartpeper, vinkel
Voete: gebars	Teeboom
knokkels	Gousblom, jojoba, kamille, wortel
pyn	Peperment
slegte reuk	Teeboom
sweet	Sipres, sitroengras
Voetskimmel	Laventel, *Litsea cubeba*, mirre, orego, patsjoelie, peper-ment, roosmaryn, sitroengras, suurlemoen, teeboom
Vratte	Gousblom, laventel, sipres, suurlemoen, teeboom
Vrees	Mirre, neroli, Ylang-Ylang

Vriesbrand	Gousblom, laventel, wildemalva
Vrouekwale	Wildemalva
Waterpokkies	Kamille, teeboom
Winderigheid	Algoede, anys, bergamot, dragon, duisendbladboom, gemmer, hisop, jenewer, kaneel, kanfer, kardemom, karwy, koljander, komyn, laventel, *Litsea cubeba*, marjolein, mirre, nartjie, naeltjie, neutmuskaat, peperment, petitgrain, polei, roosmaryn, sitroenkruid, soetlemoen, swartpeper, teeboom, vinkel
Wintertone	Gemmer, gousblom, knoffel, laventel, sipres, suurlemoen, wildemalva
Woede: algemeen	Kamille, Ylang-Ylang
uitbarsting (kinders)	Kamille
Wonde: algemeen	Bensoïne-harpuis, bergamot, bloekom, bonekruid, dille, hisop, jenewer, kamille, kanfer, lavandin, laventel, mirre, naeltjie, niaouli, patsjoelie, roosmaryn, salie, sipres, sitroenkruid, suurlemoen, tiemie, wierook, wildemalva
Wonde met infeksie	Dille, naeltjie, niaouli, teeboom, tiemie
stadig genesend	Duisendbladboom, gousblom
Wurms	Bergamot, bloekom, bonekruid, dragon, kaneel, karwy, knoffel, laventel, naeltjie, peperment

177

Lys van Afrikaanse, Engelse en Latynse name van aromatiese olies

Afrikaans	Engels	Latyn
Algoede-olie	Clary sage oil	*Salvea sclarea*
Anysolie	Aniseed oil	*Pimpinella anisum*
Arnika-olie	Arnica oil	*Arnica montana*
Basielkruidolie	Basil oil	*Ocimum basilicum*
Bensoïne-harpuis	Benzoin resinoid	*Styrax benzoin*
Bergamotolie	Bergamot oil	*Citrus bergamia*
Berkeboomolie	Birch oil	*Betula verrucosa*
Bloekomolie	Eucalyptus oil	*Eucalyptus globulus*
Bonekruidolie	Savory oil	*Satureja hortensis*
Dennenaaldolie	Pine needle oil	*Pinus sylvestris*
Dille-olie	Dill oil	*Anethum graveolens*
Dragonolie	Tarragon oil	*Artemesia dracunculus*
Duisendbladboomolie	Yarrow oil	*Achillea millefolium*
Elemi-olie	Elemi oil	*Canarium luzonicum*
Gemmerolie	Ginger oil	*Zingiber officinale*
Gousblomolie	Tagetes (marigold) oil	*Calendula officinalis*
Groenmentolie	Spearmint oil	*Mentha spicata*
Hisopolie	Hyssop oil	*Hyssopus officinalis*
Jasmynolie	Jasmine oil	*Jasminum officinale*
Jenewerolie	Juniper oil	*Juniperus communis*
Kajapoetolie	Cajuput oil	*Melaleuca leucadendron*
Kamille-olie (Duits)	Chamomile oil (German)	*Chamomilla recutita*
Kamille-olie (Romeins)	Chamomile oil (Roman)	*Chamaemelum nobile*
Kaneelolie	Cinnamon oil	*Cinnamomum zeylanicum*
Kanferolie	Camphor oil	*Cinnamomum camphora*
Kardemomolie	Cardamon oil	*Elettaria cardamomum*
Karwysaadolie	Caraway seed oil	*Carum carvi*
Knoffelolie	Garlic oil	*Allium sativum*
Koljanderolie	Coriander oil	*Coriandrum sativum*
Komynolie	Cumin oil	*Cuminum cymimum*
Kuskusgrasolie	Vetiver oil	*Vetiveria zizanoides*
Lavandinolie	Lavandin oil	*Lavandula fragrans*
Laventelolie	Lavender oil	*Lavandula officinalis*
Lemmetjie-olie	Lime oil	*Citrus limetta*
Litsea cubeba-olie	*Litsea cubeba* oil	*Litsea cubeba*
Marjoleinolie	Marjoram oil	*Origanum majorana*
Mirre-olie	Myrrh oil	*Commiphora myrrha*
Mirteboomolie	Myrtle oil	*Myrtus communis*

Naeltjie-olie	Clove oil	*Eugenia caryophyllata*
Nartjie-olie	Tangerine oil	*Citrus reticulata*
Neroli-olie	Neroli oil	*Citrus vulgaris*
Neutmuskaatolie	Nutmeg oil	*Myristica fragrans*
Niaouli-olie	Niaouli oil	*Melaleuca viridiflora*
Olie van Spika	Lavender Spike oil	*Lavandula spica*
Orego-olie	Oreganum oil	*Origanum vulgare*
Palmarosa-olie	Palmarosa oil	*Cymbopogon martini*
Patsjoelie-olie	Patchouli oil	*Pogostemon patchouli*
Pepermentolie	Peppermint oil	*Mentha piperita*
Petitgrain-olie	Petitgrain oil	*Citrus biguarade*
Pietersieliesaadolie	Parsley seed oil	*Petroselinum crispum*
Polei-olie	Pennyroyal oil	*Mentha pulegium*
Pomelo-olie	Grapefruit oil	*Citrus paradisi*
Rooitiemie-olie	Red thyme oil	*Thymus zygis*
Rooshoutolie	Rosewood oil	*Aniba roseaodora*
Roosmarynolie	Rosemary oil	*Rosmarinus officinalis*
Roosolie	Rose oil	*Rosa centifolia & damascena*
Salie-olie	Sage oil	*Salvia officinalis*
Sandelhoutolie	Sandalwood oil	*Santalum album*
Sassafrasolie	Sassafras oil	*Smilax officinalis*
Sederhoutolie	Cedarwood oil	*Cedrus atlanticus*
Selderysaadolie	Celery seed oil	*Apium graveolens*
Sipresolie	Cypress oil	*Cupressus sempervirens*
Sitroengrasolie	Lemon grass oil	*Cymbopogon citratus*
Sitroenkruidolie	Melissa oil	*Melissa officinalis*
Sitroenverbena-olie	Lemon verbena oil	*Lippia citriodora*
Sitronella-olie	Citronella oil	*Cymbopogon nardus*
Soetlemoenolie	Sweet orange oil	*Citrus auranthium*
Suurlemoenolie	Lemon oil	*Citrus limonum*
Swartpeperolie	Black pepper oil	*Piper nigrum*
Teeboomolie	Tea tree oil	*Melaleuca alternifolia*
Terpentynboomolie	Terebinth oil	*Pistacia terebinthus*
Tiemie-olie	Thyme oil	*Thymus vulgaris*
Vinkelolie	Fennel oil	*Foeniculum vulgare*
Wierookolie	Frankincense oil	*Boswellia carterii*
Wildemalva-olie	Geranium oil	*Pelargonium graveolens*
Wortelolie	Carrot oil	*Daucus carota*
Wurmkruidolie	Tansy oil	*Tanacetum vulgare*
Wynruitolie	Rue oil	*Ruta graveolens*
Ylang-Ylangolie	Ylang-Ylang oil	*Unona odorantissimum*

Bronnelys

Beard, E. (ed) *Aide Memoire – Aromatherapy*. Benmore: Training and Communication Forum.

Brink, H.E. 1960. *Menslike fisiologie*. Stellenbosch: Universiteitsuitgewers.

Bunney, S. (ed) 1992. *The Illustrated Encyclopaedia of Herbs*. London: Chancellor Press.

Cloete, M. 1994. *Aromatherapy for beauty and skin care*. Rustenburg: Essentials.

Drury, S. 1994. *Tea tree oil*. Essex: C W Daniel Co Ltd.

Eduan, L. 1995. *Miracle Herbs to Rejuvenate and Heal*. Pretoria: C L Neethling.

Essen, L. 1991. *Herbal delights*. London: Pyramid Books.

Gordon Sears, W. 1962. *Anatomie en fisiologie vir verpleegsters*. Kaapstad: Juta en Kie Bpk.

Gray, H. 1974. *Anatomy, descriptive and surgical*. Philadelphia: Running Press.

Guiness, A.E. (ed) 1986. *The body book*. Sydney: Reader's Digest.

Hoffmann, D. 1991. *Thorson's guide to medical herbalism*. London: Thorsons.

Hulke, M. (ed) 1984. *The Encyclopaedia of Alternative Medicine and Self Help*. London: Rider and Co.

Jackson, J. *Scentual touch*. New York: Henry Holt and Co.

Lavabre, M.F. *Aromatherapy workbook*. Vermont: Healing Arts Press.

Meiring, J.H. (e.a.) 1994. *Anatomie vir medies-verwante studierigtings*. Pretoria: J L van Schaik.

Ody, P. 1994. *Kruie – Die Natuur se Medisyne*. Kaapstad: Human en Rousseau (Edms) Bpk.

Pujol, J. *The herbalist's handbook*. Durban: NaturAfrica.

Reader's Digest. 1996. *The S A family guide to natural medicine*. Cape Town: Reader's Digest Ass.

Roberts, M. 1992. *Kruiekleinnood*. Parklands: Jonathan Ball (Edms) Bpk.

Ryman, D. 1984. *The aromatherapy handbook*. London: Century Publications.

Wildwood, C. 1991. *Aromatherapy*. Shaftesbury: Element Books Ltd.

Worwood, V.A. 1990. *The fragrant pharmacy*. London: Bantam Books.

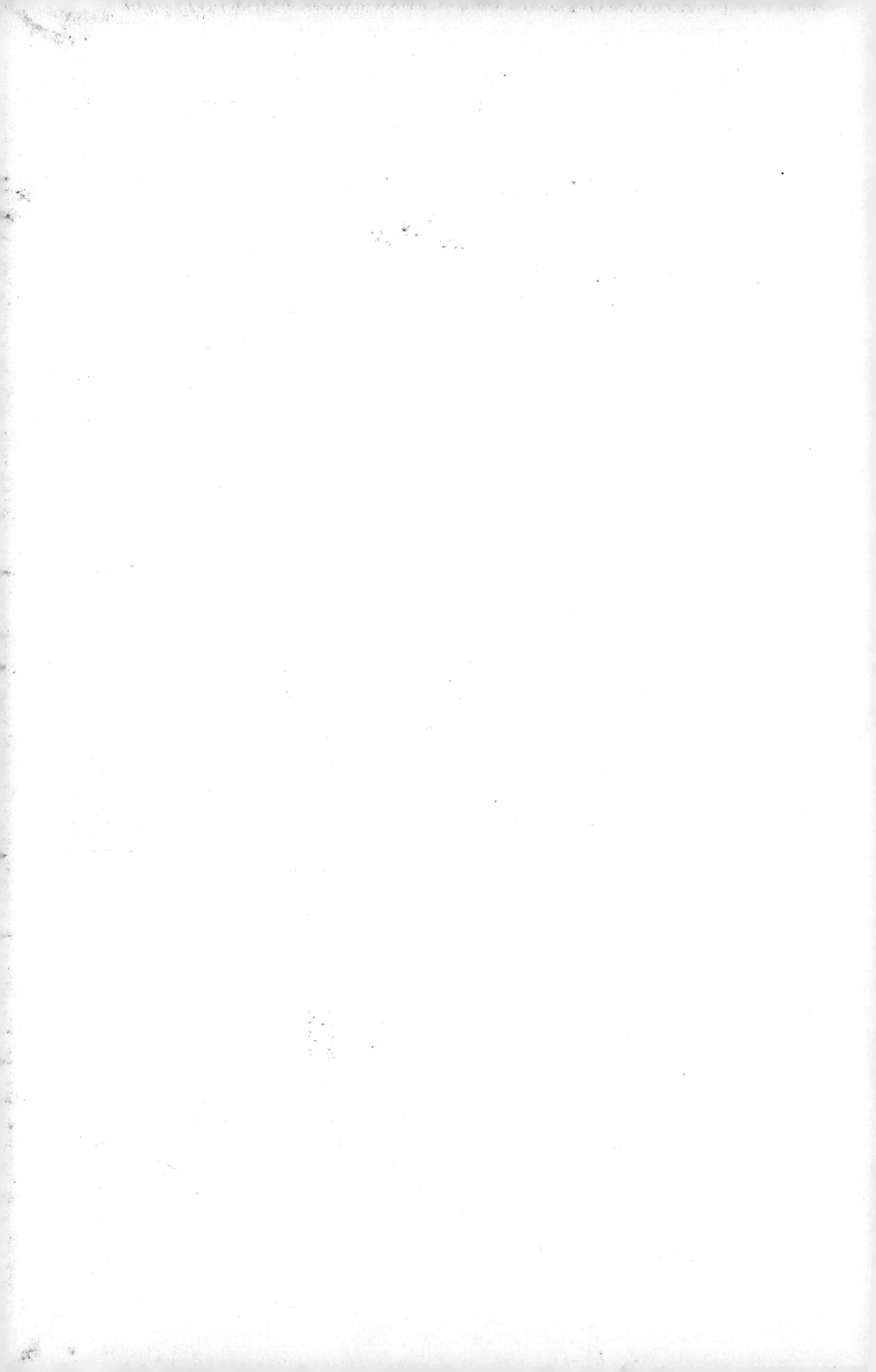